日军侵华战俘营纪实丛书

战俘营的"抗争"

范媛媛　侯志强　何天义　编著

知识产权出版社
全国百佳图书出版单位

图书在版编目（CIP）数据

战俘营的"抗三"/范媛媛，侯志强，何天义编著. —北京：知识产权出版社，2019.6
（日军侵华战俘营纪实丛书/何天义主编）
ISBN 978-7-5130-6151-3

Ⅰ.①战… Ⅱ.①范… ②侯… ③何… Ⅲ.①日本—侵华事件—战俘问题—史料 Ⅳ.①K265.606

中国版本图书馆 CIP 数据核字（2019）第 042295 号

责任编辑：宋 云 刘 江		责任校对：谷 洋	
封面设计：北京麦莫瑞文化传播有限公司		责任印制：刘译文	

战俘营的"抗三"

范媛媛　侯志强　何天义　编著

出版发行：知识产权出版社 有限责任公司	网　　址：http://www.ipph.cn
社　　址：北京市海淀区气象路 50 号院	邮　　编：100081
责编电话：010-82000860 转 8388	责编邮箱：hnsongyun@163.com
发行电话：010-82000860 转 8101/8102	发行传真：010-82000893/82005070/82000270
印　　刷：三河市国英印务有限公司	经　　销：各大网上书店、新华书店及相关专业书店
开　　本：880mm×1230mm　1/32	印　　张：7
版　　次：2019 年 6 月第 1 版	印　　次：2019 年 6 月第 1 次印刷
字　　数：145 千字	定　　价：38.00 元
ISBN 978-7-5130-6151-3	

出版权专有　侵权必究
如有印装质量问题，本社负责调换。

《日军侵华战俘营纪实丛书》编委会名单

主　　编　何天义

副 主 编　曹朝阳　何　晓　范媛媛

编　　委　何天义　曹朝阳　何　晓
　　　　　范媛媛　何　海　李爱军
　　　　　侯志强　何　洁　王婵娟

序 言

　　虐待俘虏是日本在侵华战争中所犯的重要罪行之一，也是战后尚未解决的遗留问题之一。战时应当如何对待敌对国的俘虏，早在18世纪，国际社会就产生了施以人道待遇的观念；1899年第一届万国会议上制定的《海牙第二公约》，1907年《海牙第四公约》附件的《陆战法则和惯例章程》，1929年达成的《日内瓦公约》，都有明确规定的基本准则。

　　战俘是战争和武装冲突中落入敌方控制之下的合法交战者，战俘不是以个人身份，而是以武装部队成员身份参加战斗的。交战国拘捕和扣留被俘人员不是因为其个人有任何违法行为，而是为了防止他们再次参加作战。俘虏必须享受人道的待遇，凡属交战国军队的人员，不论其是战斗人员还是非战斗人员，在被俘以后都应享受俘虏的待遇。因此对他们不应施以惩罚、虐待，更不应该予以杀害。战后，国际军事法庭宪章把"对战俘的谋杀和虐待"归入战争罪。但在日本侵华战争中，日军制造种种借口，非但不执行国际公约，而且虐待战俘，奴役战俘，对中国和世界犯下了滔天罪行。

　　20世纪三四十年代发生的日本侵华战争，是日本帝国主义在近代史上多次侵华战争中最疯狂最残暴的一次，也是

战俘营的"抗三"

其以失败告终的一次。这场战争，从1931年九一八事变开始，到1945年9月日本投降签字，历时14年之久。中国军队进行重要战役200余次，大小战斗近20万次，歼灭日军150余万人，歼灭伪军118万人。战争结束后接受投降日军128万人，接受投降伪军146万人。但是，战争的最终胜利并不等于战争的每个阶段都取得了胜利，更不可能是每个战役和每次战斗都取得了胜利。面对武装到牙齿的日本军国主义，在军事上、装备上、综合国力上都处于弱势的中国军民，在战争中曾多次失利。中国军民遭到许多重大损失，有不少抗日军民被俘、被捕、被抓，关押进日本设在中国各地的战俘集中营（以下简称战俘营）。据近年的不完全统计，在抗日战争中，正面战场进行大会战22次，国民党军队伤亡320万人；敌后战场进行大小战斗125 165次，八路军、新四军伤亡58万多人。中国军队共伤亡380余万人，中国人民牺牲2 000余万人，中国军民伤亡总数达3 500万人以上；中国财产损失600多亿美元（按1937年美元换算，下同），战争消耗400多亿美元，间接经济损失达5 000亿美元。在死伤的3 500万人中，有1 000多万人都是战俘及劳工。据近年来核实，日军设在中国的战俘营、战俘收容所有100多个，关押战俘100余万人。

日军对中国战俘的虐待可分三个阶段、三个场所、三种形式。

第一阶段是战场上的屠杀。

对待战场上作战被俘的官兵，日军先要进行审查分类编队。按官阶分类登记，按原作战部队番号编队，伴随着这些活动，日军往往对战俘进行野蛮屠杀。对作战顽强，使日军在战场上遭到重大伤亡的部队的战俘，日军常常会对其进行"报复性"屠杀；对受伤严重、不能行走、不能当劳工使用，而又需要提供食品和医疗服务的战俘，日军常常当场施以"处理性"的屠杀；对于大批俘虏，日军本意需用这些人充当劳工，由于不按国际法对待他们，不把他们当人看，在管理上不负责任，不及时提供饮水、食品和医疗服务，致使战俘在从战场向战俘营转送途中，或由一个战俘营向另一个战俘营转送途中，几天吃不到东西，喝不上水，病饿而死，遭到"虐待性"屠杀。这种情况在南京沦陷后和中条山战役后最为严重。南京大屠杀的 30 万受害者中，有 9 万多人是放下武器的战俘。而在中条山战役中，据日军统计，中国军队被俘 3.5 万人，遗尸 4.2 万人，其实这些遗尸中大多是放下武器后被杀害的战俘。

第二阶段是战俘营的虐杀。

战俘营多数高墙电网、岗哨林立、戒备森严，对俘虏采用监狱式管理。战俘进入战俘营一般要经过验证、消毒、登记、编号、审讯、入所教育六道手续。进战俘营后，每天要进行出操点名、升降旗、呼反动口号、强制劳动、策反活动、唱反动歌、读反动报等刻板的日程。战俘吃的是发霉的玉米面、高粱米，吃不饱饭，见不到菜，喝不上水。塘沽战俘营的战俘劳工曾吃尿冰止渴，而石家庄战俘营的战俘则不得不吃老鼠充饥。住的多是木板房，睡的是大通铺，没有被褥枕头。穿的衣服又脏又破，多数人衣不遮体，一些战俘不得不趁外出劳动时捡水泥袋和破草袋捆在身上御寒。恶劣的环境，非人的生活，繁重的劳役，残酷的刑罚，加上瘟疫的摧残，折磨着战俘营的战俘，石家庄战俘营最多一天会死去200多人。在北平战俘营中，日军会把一些战俘的胳膊弯曲打上石膏进行肘死关节试验，致使这些战俘残废或丧命。济南、太原、北平、石家庄等战俘营均把战俘当作血库，大量抽其血液，并进行细菌试验、活体解剖。太原战俘营把战俘当活靶，捆绑着押到赛马场上让日军新兵练刺杀、射击，仅两次新兵练胆训练就虐杀八路军战俘340余人。由于上述原因，石家庄、济南、太原、北平几个大战俘营的死亡率都高达百分之三四十。每个战俘营附近基本上都有一个掩埋战俘劳工尸体的万人坑，死亡人数都在2万左右。

第三阶段是就劳地的役杀。

战俘在战俘营虽然也进行劳动，但多是临时性、应急性的劳动，而且流动性大，不固定。在其被日军输送到伪满洲国、伪蒙疆和日本本土各地后，在就劳地的劳动则是相对固定的、长期的、繁重的苦役。早在关东军劳务统制委员会第一次会议上，关东军有关人员就提出将数十万东北军俘虏及归顺兵训练、转化为劳工的计划。全面抗战爆发后，日军陆续把30万战俘从华北强掳到伪满洲国，日方称其为特殊工人，后来又改为辅导工人和保护工人。之后又将战俘强掳到伪蒙疆、华中、华南、日本本土、朝鲜半岛及东南亚等地服苦役。在管理上多数与普通劳工隔离，由军队和警察负责监管。日军从中国强掳到日本本土的 4 万名劳工中有 2 万人是战俘,日本称为训练生。战俘在各就劳地的生活条件和劳动条件普遍很差,但比较地看,东北比华北恶劣,国外比国内恶劣,煤矿、铁矿比一般工厂恶劣,秘密军事工程比一般军事工程恶劣。战俘劳工在被役使过程中,饱受冻、饿、病、累的折磨,死者很多。押往伪满洲国的战俘劳工的死亡率,低的有百分之十几,高的达 40%。押往日本的战俘劳工死亡率约占 17%,有的作业场死亡率达 52%。

总之,不论在俘获地、战俘营,还是就劳地,日军和日伪管理人员对战俘的虐待一直没有停止,肉体上的摧残,精神上的折磨,经济上的剥削,政治上的压迫,直到战俘的生命终结。

战后的东京审判和各国的 BC 级战犯审判,已经证明日本政府、军队和相关企业在战时严重违反了国际公法和国际公约,犯有虐待战俘罪、残害平民罪、强掳劳工罪、侵犯人权罪。但因种种原因,战后审判对日本奴役和虐待中国战俘劳工的罪行追究却很不彻底。据日本法务省官房司法调查部编纂的《战争犯罪审判概要》(1973 年 8 月)中记载,由英、美、澳、荷、法、菲及中华民国提出的 BC 级审判起诉书中,有关俘虏收容所人员占全部起诉案件数的 16%,被起诉人员的 17%,判处有罪的 27%,处死刑的 11%。在战犯审判中,因虐待俘虏被起诉的案件仅次于宪兵犯罪的案件。但这些案件多由英、美、澳等国审判。设置战俘营最多、战俘受虐待最重的中国,参与对日本虐待战俘案件的审判却很少。日本在中国战场上犯下的残杀战俘的滔天罪行,只有南京大屠杀中的指挥者等少数战犯受到了审判。日军在中国建立战俘营虐待战俘劳工的种种罪行,只有济南等少数战俘营的管理者受到了审判,而对日军在伪满洲国、伪蒙疆、华北、华中、华南等地奴役战俘劳工的罪行基本上没有进行任何惩处。对掳往日本本土的战俘劳工,在 135 个作业场中,只有花冈、鹿岛等个别作业场的管理者受到了审判。20 世纪 50 年代,中国最高人民法院特别军事法庭审判在押的日本战犯时,华北几十个战俘营中只对济南、太原、保定、洛阳 4 个战俘营的日本管理人员进行了审判。而以上审判只是对犯罪当事人的战争犯罪责任进行追究,并没有对日本政府和相关企业虐待奴役战俘劳工所造成的人身伤害、经济损失、精神损失、家庭损失等进行审判。既没有向受害者谢罪,也没有向受害者赔偿。反之,日方还竭力销毁罪证,掩盖事实,否认罪行。

《海牙第四公约》第 3 条规定:"如果情势有必要,违反本公约之'陆战规则'规定的交战者,应付出赔偿,该交战者应对其武装部队中一部分人所做的行为负责。"国际法还规定追究战犯的战争责任没有时效限制。根据这些法律,第二次世界大战中的侵略国德、意、日奴役和虐待同盟国战俘的问题,被受害者列为没有解决的战争遗留问题,在 20 世纪 80 年代又被提了出来。经过多年的斗争,1999 年 2 月,德国政府和企业拿出 100 亿马克(约合 53 亿美元)建立了"记忆、责任和未来基金",对受害的战俘劳工进行赔偿。

序言

早在德国全面解决战俘问题之前，美国和加拿大就已对战时关进美国和加拿大集中营的日本侨民进行了道歉和赔偿，美国总统给每位受害者发了致歉信，每人赔偿了2万美元（当时约合16万元人民币）。加拿大同美国的道歉方法和赔偿金额基本一致。继德国之后，奥地利也仿效德国的办法建立了强制劳工赔偿基金，对欧洲的战俘劳工进行赔偿。在英国，政府没有支持战俘向日本索赔，英国政府却为第二次世界大战时被日本奴役的英国战俘受害者每人提供了1万英镑（当时约合15万元人民币）的补偿金。然而，侵占中国14年、造成中国3 500万人死伤的日本，不承认侵略战争，不承认侵略罪行，不承担侵略责任。

国际上有一种说法，如何对待敌对国的战俘，可以看出一个国家和一个民族的文明程度和道德水平。日本军国主义在战时没有按国际公约对待中国战俘，而是虐待、奴役、残杀中国战俘。战争结束时，又烧毁文件档案，掩盖罪行，企图蒙混过关。战争结束后，当中国战俘劳工向日本政府和相关企业提出索赔要求时，他们又制造种种借口予以否认，加以阻挠。

从20世纪80年代开始，中国民间对日索赔在日本法院立案28件，其中战俘劳工索赔案15件。尽管经历了十几年的漫长诉讼，但都被日本法院以"国家无答责""时效问题与除斥期间""请求权放弃"等理由判决败诉。2007年4月27日，日本最高法院单方面解释《中日联合声明》，以中国政府放弃战争赔偿为由，判定中国民间受害者丧失索赔权。

因为日本政府对历史遗留问题没有正确的认识和积极的态度，所以中国民间对日索赔问题至今还没有得到解决。

人类进入21世纪，实现民族和解、捍卫世界和平、建设和谐世界逐渐被提上议事日程，特别是存在众多历史问题和现实问题的中日两国及亚洲各国更为关注这一话题。第二次世界大战结束70多年来，中日两国人民为促进中日友好做了大量工作。日本民间团体帮助中国劳工争取受害赔偿就是一个例证，建立在中国、日本及亚洲各地的战俘劳工纪念碑就是例证。但日本右翼团体却处心积虑，倒行逆施，不断进行干扰破坏活动。近年来，日本在政治上越来越右倾化，在历史问题上大开倒车，否认侵略历史，掩盖侵略罪行，妄图翻案复辟，使中日关系降到最低点，战争遗留问题的解决也更加渺茫。中国受害者希望日本能向德国学习，正确对待历史问题，勇于承担历史责任，在深刻反省的基础上妥善解决战俘劳工这一战争遗留问题。

个偶然的机会，我们选择了战俘、战俘营、战俘劳工这个课题，并为此进行了30年的调查研究。30年来，在有关部门和民间组织的支持下，我们先后召集战俘劳工代表大会5次，地区性战俘劳工座谈会20余次，走访征集战俘劳工口述资料1 000多人，征集有关资料3 000多万字，整理打印900余人的《战俘劳工访谈录》共计400万字，为400多位战俘劳工录制了音像资料，并刻录了光盘。

在旅日、旅美、旅加华侨的支持下，我们于1995年编写了一套4卷本《日军枪刺下的中国劳工》；于2005年编写

序言

了一套 5 卷本《二战掳日中国劳工口述史》；于 2007 年编著了《亚洲的奥斯威辛——日军侵华集中营揭秘》；于 2008 年编写了《日军侵华集中营——中国受害者口述》；于 2013 年编著了《日军侵华战俘营总论》。此外，还参与编辑了 10 卷本《日本侵略华北罪行档案》及《日军侵略华北罪行史稿》等 40 多部抗战类相关书籍。这些著作填补了日本侵华罪行、战俘英勇反抗史的研究空白，为解决日本侵华战争的遗留问题提供了史料和证据。但这些著作多为史料性、专题性、实证性、学术性著作，受众面较小，可读性不强。为了让广大群众特别是青少年，了解战俘劳工这一特殊群体，了解他们艰难困苦的悲惨遭遇，学习他们英勇不屈的斗争精神，我们从全国众多战俘营中选择了平津、石家庄、济南、太原、洛阳五个规模较大、关押战俘较多的战俘营的素材，编写了一套"日军侵华战俘营纪实丛书"。在这些战俘营中，有不少共产党八路军战俘进行的英勇反抗斗争，而斗争最坚决的是抗大二分校抗三团的干部学员，其中有不少是长征到延安的老红军，到华北办抗大的新八路。他们在日军"五一扫荡"时被俘，关进石家庄战俘营后，组建了秘密支部，在伪满阜新煤矿后举行了"新邱暴动"。于是我们单独为他们立传，编写了一本《战俘营的"抗三"》。全套书共 6 册。

这套丛书是根据战俘幸存者的回忆和口述，及各地残缺不全的文献和档案整理编写的，文中的人名、时间、地点可能有不准确的地方，加之时间仓促，水平有限，书中可能有许多偏颇疏漏之处，请广大读者谅解，请幸存者、当事者加

战俘营的"抗三"

以斧正。

  为了增加书稿的真实性和客观性,揭露日军奴役掳杀战俘劳工的滔天罪行,我们从书报刊物上选编了一些图片,由于种种原因,未能找到原稿的拍摄者。这里我们向有关的拍摄者和编辑者表示感谢。看到这本书的原图作者,请同我们联系,我们将付微薄的稿酬。

何天义

2018 年 11 月 1 日于石家庄

目 录

一、团歌低徊战俘营 ……………………………………… 1
二、活跃在冀中的抗三团 ………………………………… 7
    1. 挺进敌后的"抗大" ………………………………… 7
    2. 抗三团路西整编 …………………………………… 10
    3. 在冀中艰难办学 …………………………………… 12
三、抗三团的反"扫荡" …………………………………… 19
    1. 反"扫荡"动员 ……………………………………… 19
    2. 团直第一次被合围 ………………………………… 26
    3. 团直第二次被包围 ………………………………… 29
    4. 血与火的洗礼 ……………………………………… 31
    5. 战场之外的考验 …………………………………… 32
四、战俘营的特别支部 …………………………………… 37
    1. 特别支部的酝酿 …………………………………… 37
    2. "六月特支"的成立 ………………………………… 42
    3. 特别支部的整合 …………………………………… 46
    4. 魔窟之中 谁家天下 ……………………………… 49
    5. "什么叫鬼子?" …………………………………… 51
    6. 团结互助度死生 …………………………………… 57

五、阜新新邱暴动 ·················· 60
1. 北上的闷罐车 ·················· 60
2. 阜新八大矿 ···················· 65
3. "新邱特支"的诞生 ············ 70
4. 矿工的血泪史 ·················· 74
5. 电狗示众 ······················ 80
6. 何去何从？ ···················· 86
7. 电网上冒出蓝火花 ············ 95
8. 血染矿山 ······················ 99

六、海州工人辅导所 ················ 105
1. 矿工的坟墓 ···················· 105
2. 追查和审讯 ···················· 110
3. 漫长的寒夜 ···················· 115
4. 可爱的"小机灵" ·············· 118
5. 狗吃人与人吃狗 ················ 121
6. "采炭报国" ···················· 125
7. 难友的心意 ···················· 130
8. 正义的感召 ···················· 133

七、燃烧的矿山 ···················· 139
1. 怒惩"黑狗子" ················ 139
2. 太平矿"第六大队" ············ 142
3. 变大出炭为少出炭 ·············· 147
4. 歌声和标语 ···················· 150
5. 塞北支部 ······················ 153

6. "十月特支" ……………………………………… 159
八、从"南满"到"北满" ……………………………… 164
　　1. 所谓"北边振兴计划" …………………………… 164
　　2. 从高德到虎林 …………………………………… 166
　　3. 从太平矿到兴凯湖 ……………………………… 172
　　4. 从"北满"再到"南满" ………………………… 174
九、"抗三""特支"在本溪 ……………………………… 180
　　1. 本溪湖煤矿的特殊工人 ………………………… 180
　　2. 共产主义领导小组 ……………………………… 183
　　3. 惩治恶监工 ……………………………………… 186
　　4. 献身共产主义的勇士 …………………………… 188
　　5. 在战火中重生 …………………………………… 191
　　6. 茨沟矿的秘密支部 ……………………………… 193
　　7. 本溪辅导工人的暴动 …………………………… 197
　　8. 在大反攻的日子里 ……………………………… 201
主要参考文献 ……………………………………………… 204

一、团歌低徊战俘营

啊！抗三，抗三，
你是革命的烘炉，
你是革命的摇篮。
你在冀中区成长，
你战斗在冀中平原。
你为培养党的铁军，
活动在滹沱河两岸。
高举抗大的旗帜，
为三纵队培养骨干，
你鼓舞着，
三纵队优秀儿女，
奋勇向前。
哪怕敌人的疯狂"扫荡"，
哪怕任何困难艰险！

啊！抗三，抗三！
你与三纵队的同志们，
战斗在抗日最前线。

战俘营的"抗三"

前进吧！战斗吧！

走向新社会，

走向胜利的明天。

熄灯号虽然已经吹过，但石家庄战俘营的战俘们仍没有睡意，有的默默无语，想念自己的部队，想念自己的亲人，想念自己的战友，各自想着自己的心事；有的窃窃私语，低声交谈着自己的人生经历，交谈作战的被俘经过，交谈外出劳动的见闻，交谈战俘营新发生的故事；还有的人哼着老段子，唱着革命歌曲，例如《故乡进行曲》《在松花江上》《牺牲已到最后的关头》，等等。

不知谁轻轻地喊了一句："日本的巡逻兵过来了。"屋子里立即静了下来。只见三个日本兵扛着大枪从牢房门外走过，一个日本兵还用手电筒向屋里的大通铺照了一遍。看到没有什么异常现象，便列队走向另一幢战俘牢房。日军巡逻兵没走多远，牢房里又恢复了刚才的景况。这就是石家庄战俘营每天照旧不变的夜生活。

石家庄（曾称石门）是华北地区的重镇，历来是兵家必争之地。日军占据此地后，一直驻以重兵。日本华北方面军的主力第一军军部，第一一〇师团以及独立混成第四旅团、独立混成第八旅团、独立步兵第二旅团，华北特别警备队第四大队、飞行第二十七战队等部队，都曾先后在此驻扎，并在市内建立了东、西、南、北、中五大兵营和几十处军事设施。

一、囚歌低徊战俘营

石家庄战俘营曾称战俘收容所、劳工教习所、劳工训练所。它原来是日军的南兵营，建于1938年春天，位于石家庄老火车站的东南方，休门村正南，今桥东区平安公园及老电视机厂一带，占地277亩，其中70亩为营区，200亩为战俘工场和农园占地，是日军对被抓、被捕、被俘的中国抗日军民进行奴化教育、策反利用、奴役使用、输送劳工的大本营，也是血腥镇压中国抗日军民的人间地狱。从1938年建立到1945年日本投降，8年间石家庄战俘营以及与之相配合的军警宪特小监狱和伪华北劳工协会石门办事处，先后抓捕并关押抗日军民和无辜群众约5万人，其中2万多人被折磨至死，扔在了"万人坑"；3万多人被送往华北、东北和日本本土充作劳工。

石家庄战俘营中，岗哨林立，戒备森严，为防止战俘劳工逃跑，日军在四周筑起了高高的围墙，围墙上安装了电网。围墙内有两丈多深、一丈多宽的壕沟，围墙四角和关键地段设有三丈高的炮楼和瞭望哨位，昼夜都有日军负责站岗。内壕沟上又加设一道铁丝网、电网，网内由战俘组成的警备班和保卫班警戒，几十米远就有一个哨位。此外，营区内还有日军的巡逻兵不停地巡逻。普通战俘不准接近壕沟和铁丝网，只能在指定的区域中生活。凡是被送进战俘营的人，很难从里面逃出去，即使把一具战俘尸体运出战俘营，也必须经过日本医官的检查和门岗的验证。

战俘在战俘营中每天仅供应两顿饭，不是玉米面就是高粱米和发霉的小米，几片菜叶，没油少盐。饭给得很少，只

战俘营的"抗三"

能吃半饱。吃饭用日军吃完罐头的空盒子当碗,折树枝当筷子。战俘营很少供应热水,还不让人们喝生水。有的人被饥渴所迫,只能偷喝涮锅水,私抓耗子吃。战俘穿的是离营前往他处充作劳工的战俘脱下的旧军装,时常缺领子断袖子,还沾有血污和粪便。营中管理混乱,常常冬天发单衣,夏天发棉衣。战俘们无可奈何,夏天只好把棉衣中的棉花掏出来当单衣穿,冬天则找水泥袋和麻袋披上御寒。

战俘住的是原日军木制房屋改造的大通铺,中间是过道,两边是木板床,没有枕头,没有褥子,只能睡在木板上,有时几个人给一床被褥,几十个人睡一个大房间,上厕所还要报告批准。

原来南兵营有4排房子,住了1 000多人,日军"五一"扫荡后人满为患,经常会住3 000人,最多时住过5 000人,房子完全不够住。于是,日军就把大门南侧一个放杂物的大席棚腾出来,把地平整一下,在地上铺席子当床,让战俘们席地而坐,就地而卧。一个长三四十米,宽七八米的大席棚竟安排住了五六百人,晚上睡觉时,这个人的头枕着那个人的脚,那个人的头又搭在另一个人身上。有的人没地儿睡,只能坐着打盹,或睡在棚外。碰上下雨天,席棚里上面漏雨,下面是泥,战俘们的衣服被弄得透湿,还得靠自己的体温慢慢暖干,一些体弱患病的战俘头天晚上躺下,第二天就没再爬起来。

前面提到的歌声就来自这个大席棚,开始时是一个人唱,后来几个人齐唱,再后来几十个人加入了大合唱,歌声

一、团歌低徊战俘营

划破了战俘营的黑暗和沉寂,赶走了战俘中的消极情绪和悲观心声。歌声也引起了席棚一角两个八路军战俘的注意和兴趣,他俩急忙坐起来,低声加入了自发歌唱的队伍。两人中,南方口音的人叫李振军,是参加过长征的红军干部,被俘前是抗三团(注:中国人民抗日军事政治大学第二分校第三团)的宣传股长,是这首歌的谱曲者;北方口音的叫朱韬,河北保定蠡县人,在保定二师(注:河北省立第二师范学校)上学时就参加过学潮,坐过国民政府的监狱,是第二次世界大战时期的共产党员、老地下工作者,被俘前是抗三团直属二大队主任政治教员,他曾教本队学员学过这首歌。他和李振军在反"扫荡"中一起被捕,一起被送到石家庄。因为被捕时穿着便衣,敌人没有弄清他们的身份,李振军便化名马良,朱韬化名李满贵。被捕途中,他们建立了党的秘密组织——政治保证组,作为团结教育群众和开展对敌斗争的核心。

听到这首歌,他们便来了精神,开始了深深的思考。这首歌唱了一遍,一些没听过歌曲的战士都说好,又让他们唱了第二遍。这首歌是抗三团的团歌,在冀中军区野战军和地方军里并没有普及,怎么这个牢房里有这么多人会唱这首歌,看来抗三团的干部学员在这次反"扫荡"中被捕被俘的不少。作为党的政治工作者,作为党的宣传教育干部,他俩凭着职业的敏感和党性的自觉,认为应该把大家组织起来,扩大政治保证,组建党的特别支部,用歌声给大家鼓舞信心,用歌声开展对敌斗争。

战俘营的"抗三"

就在这时,战俘营同情中国战俘的朝鲜翻译金村查房时来到大席棚,听到人们在唱歌,便态度和蔼地进行制止,"明天还得干活呢,别唱了",接着又叮嘱,"有的日本人也懂汉语,他们听到了会给大家带来麻烦,赶快睡吧"。

听了金村的劝告,人们停止了说话、唱歌。金村用手电筒四处照了照,便离开了。

不一会儿,席棚内又出现了窃窃私语,一个年轻战俘向一个刚才唱歌的学员问道:"这个歌叫什么名字?'抗三'是什么意思?"

那个学员自豪地说:"这个歌叫《抗三团之歌》,'抗三'指的是抗三团,全名叫抗大二分校第三团。"

年轻战士又问:"抗大不是在延安吗,怎么跑到华北啦?"

"抗大开始是在延安,现在根据中央指示到敌后办校,总校已移到晋东南,还在全国建起了12个分校。"这个学员便耐心地讲起抗大的历史。

二、活跃在冀中的抗三团

1. 挺进敌后的"抗大"

抗三团是抗大的一个分支,它的前身是红军在长征路上建立的红军大学。1935年,红军长征到陕北;1936年,红军大学改名为中国人民抗日红军大学;1937年1月,又改名为中国人民抗日军事政治大学(简称"抗大")。从此,延安成了革命的圣地、抗日的摇篮,"抗大"像一面高高飘扬的旗帜,像一个火红的革命熔炉,召唤和吸引着全国各地的革命青年,为中国革命和抗日战争培育了一批批军政兼优、德才兼备的栋梁之材。但是由于关山阻隔、路途遥远,加之国民党反动派封锁围剿,层层阻拦,许多青年虽然心中向往延安,但又觉得其可望而不可即。

卢沟桥事变爆发后,共产党和国民党经过艰难谈判,达成了抗日的统一战线。八路军、新四军开赴敌人后方进行抗战。为了攻克敌人对陕甘宁边区的封锁,克服物质上的困难,以及避免革命青年远赴延安的长途跋涉,党中央和毛主席于1938年下半年就决定将抗大挺进敌后进行办学。自此,抗大除总校外,在敌后办起12个分校,正如副校长罗瑞卿

战俘营的"抗三"

所说:"抗大抗大,越抗越大。"于是,一批参加过长征的老红军,肩负着革命的使命从陕北来到华北。

1940年,全面抗战进入第四个年头。为适应华北对敌斗争的发展和抗日部队建设的迫切需要,抗大进入华北后,首先在太行山下冀西的灵寿县安营扎寨。在晋察冀根据地办起了抗大二分校。这年1月,为了给冀中根据地培养干部,抗大总校派遣第三团前往冀中,4月与冀中军区教导团、游击干部教导队、工人教导队、九分区教导队等合并组建成抗大总校第三团。时遇日军对冀中区的春季大"扫荡",三团随军区机关转移到平汉路西的山区,正式招生开课。此后,它数次通过平汉铁路日军的封锁线,来往于晋察冀北岳山区和冀中平原之间,纵横驰骋于冀中平原的大部分地区,穿越在滹沱河、沙河、唐河、潴龙河、滏阳河两岸,在敌伪据点碉堡林立、敌情严重的情况下坚持办学。

1940年6月,抗大总校第三团接受新任务,奉命回归总校并开赴晋东南。抗大总校第三团为冀中培训人才的任务,则交由抗大二分校第一大队接替。抗大二分校第一大队遂与总校三团第二大队、原冀中军区教导团及教导队的教职员一起,组成抗大二分校第三团,简称"抗三团"。抗三团组建之时,正值抗日战争的相持阶段,日军对华北平原开始了频繁的"扫荡",抗三团五个大队分布在冀中五个分区,在"扫荡"、反"扫荡"中流动办学。三天一转移,五天一调防,有时一天换几个地方,风餐露宿,和衣而卧。背包为凳子,膝盖当课桌。夏天顶着烈日演练,严冬在寒风中上课,

二、活跃在冀中的抗三团

借门板当黑板,以木炭棒代粉笔,艰苦奋斗,灵活机动,一边办学,一边抗日,为冀中军区培养了一批批军政人才,为冀中"三纵队"的正规化奠定了基础。

正当第三期学员紧张学习之际,华北日军发动了空前残酷的"五一扫荡",抗三团根据上级的指示,进行了紧急动员,分散坚壁,各大队随冀中各分区地方部队进行反"扫荡"作战。抗三团虽然是军事性质的集团,却毕竟是一个培养干部的学校,武器很少,装备很差,自卫能力受到限制,加之对敌人的"扫荡"形式估计不足,在敌人的几次重兵合围中浴血奋战,有的同志左冲右突,几经周折突出重围;有的负伤后为了不使党的文件落入敌手,用血将文件染湿搓碎,奋斗到生命的最后一刻;有的拉响了最后一个手榴弹,与敌人同归于尽;有的手中没有武器,就用老乡的铁锹劈死包围的日军,自己也倒在血泊中;有的换上便衣,隐蔽在群众中坚持斗争,最终也同群众一块儿被日军包围裹胁,抓捕到集中营。抗三团组织股副股长谷自珍等人就是这样被押战俘营的。只不过他比李振军、朱韬等人早到几天而已。

凭着多年受党教育的政工干部的觉悟,一走进集中营,谷自珍就琢磨在集中营如何开展斗争。通过几天的观察,他看到被俘被捕的广大党员和群众绝大多数并没有屈服,就连大多数战俘管理干部也是虚以应付,只不过因为人们刚刚被带进这个戒备森严、控制严密的牢笼,还不了解情况,不适应环境,还不知道该怎么行动。他想,自己在部队是抓组织工作的,是抓党的建设的,这次反"扫荡"中抗三团被俘人

· 9 ·

员不少，陆陆续续都被押到了石家庄战俘营，在这种情况下，自己有责任把党的组织建立起来，带领大家自觉开展斗争。不由自主地，他又想到抗大从陕北到华北的办学经历。

2. 抗三团路西整编

提起"抗大"，当时的八路军即后来的解放军，都会想起党中央和毛泽东为抗大制定的教育方针，即"坚定正确的政治方向、艰苦朴素的工作作风、灵活机动的战略战术"，还有校训"团结、紧张、严肃、活泼"这三句话八个字，后来被人们统称为"三八作风"，并编成歌曲，成为人民军队的传家宝。这个传家宝被抗大学员从延安传到全军各部队，又被带到在敌后办学的抗大总校和分校，抗三团从组建整编就坚持和实践了这一方针和校训。

1940年7月上旬，抗大二分校校长孙毅、政治部李志民同志在驻地灵寿县陈庄召集李忠权、陈文彪、陈宜贵等人谈话，对建团和整编工作做了指示，要求抗三团领导能够做到：越是困难的时候，越要依靠军区首长，依靠群众；越是危险的时候，越要加强团结，关心部属，身先士卒。7月中旬，抗大二分校一大队的干部们，由陈文彪带领来到了行唐县的口头镇梨沿庄一带，开始了紧张的工作交接，正式施行组建整编工作。

整编后的抗三团，有团长陈文彪、政治委员李中权、副团长王洗凡、政治处主任陈宜贵、训练处处长曾飞、军教股长李克林、政教股长卫子人、宣传股长李振军、组织股副股

二、活跃在冀中的抗三团

长毛柏柱(后为谷自珍)、锄奸股长石昆、副官处主任黄胜真、供给处主任肖新如、卫生处主任陈守印等。团以下辖三个学员队,一个直属学员队(营连级干部队):第一大队大队长张行忠,教导员谢特山(后周月柳);第二大队队长吴益山(后高龙),教导员周黎;第三大队队长程登宇,教导员韩培义(后吴彪);直属队队长李亚峰,指导员张英。

整编后,抗三团在平汉路西进行了一段教学工作,于1940年8月20日也就是"百团大战"开始那天的晚上,从行唐口头镇梨沿庄出发东进,从定县新乐间的十字瞳穿过平汉铁路,进入冀中腹地定南、深泽、安国、安平境内。

当时,"百团大战"的序幕已经拉开,八路军集中了100个团,突然向华北日军发起进攻,攻势之猛,规模之大,前所未闻。抗三团的活动区域靠近沧石公路,遵照上级命令,就近参加了沧石公路的破袭战。他们还派出部分干部学员配合二十三团发动群众破坏沧石公路40余千米,并派出工兵队参加了对井陉地区的破袭战。

冀中平原地处北平、天津、保定、石家庄、德州、沧州诸战略要点之间,扼平汉、津浦、北宁、石德四条铁路线。平原沃野千里、物产丰富、人口众多,是支持敌后抗日战争的人力、物力资源的巨大宝库。冀中抗日根据地的存在和发展时刻威胁着日军侵华战争的前线指挥中心和战略交通命脉。而这个地区一旦被敌控制,又可成为日军"以华制华""以战养战"的战略基地。1938—1939年春,日军从北向南对冀中抗日根据地连续发动了5次战役围攻、3次分区"扫

"，占领了冀中全部县城和许多重要集镇。1940年后，又不断增兵频繁"扫荡"。

而冀中地区的武装部队正处于从游击队向正规化部队转变的阶段，到1939年10月，冀中军区已组建了5个分区，成立了14个主力团。抗三团的组建正是为了冀中部队的正规化而培养基层干部。队伍中也有一些教职员对冀中平原不仅不陌生，而且很亲切。例如，抗三团三大队的主任教员朱韬就是其中的一个。

朱韬家住河北保定蠡县，早在第二次国内战争时期就参加了革命。全面抗战爆发后，他来到延安，进入抗大学习。作为组建抗三团回到自己的家乡、在游击战中办学的一员，他与那些长征到陕北的南方人自然心境不同。从崇山峻岭、层峦叠嶂的北岳山区，回到一望无际的冀中平原，他顿觉眼界格外宽广，心境无限开阔。家乡的土地、村庄、树林、河流、一草一木对他来说，都是那样的亲切。

眼下，残暴的敌人正蹂躏着美丽富饶的大地，英勇的冀中军民在极其艰难的环境下与敌人浴血苦战。朱韬决心和战友们以战斗的姿态，在冀中平原探索游击作战中的教学活动。抗三团各学员在战争中学习战争，结合作战开展教学，摸索了一套适应平原游击战的活动方式和教学方法。

3. 在冀中艰难办学

抗三团在冀中办学，共举办了三期：从1940年7月组建到1940年第一期结业，为在平原游击战争环境下办学的

二、活跃在冀中的抗三团

适应阶段；从1940年冬第二期开学到1941年秋末结业，是动荡环境中教学蓬勃发展的时期；从1941年冬第三期学员入学到1942年秋提前结业，是在极其残酷的战斗环境中坚持教学、经受严峻考验的时期。

在游击战争环境下进行教学，情况变化多端，条件极为艰苦，要求教职员和广大学员时常处于战备状态，加上经常夜间行军，干部需要每天值班，学员需要每天站岗，因此大家睡觉时大多和衣而卧。由于长年累月不能脱衣睡觉，又不能洗澡和经常更衣，几乎每人身上都有虱子。虽说冀中平原物产丰富，每人每天定量可达一斤半粮食，但由于敌人的频繁"扫荡"、破坏与掠夺，加上水旱天灾，冀中人民的生活十分困难，还要送粮食支援缺粮的山区根据地。抗三团全体人员响应军区的号召，每人每天节约一两粮食支援灾区。当时的副食很少，而学习工作十分紧张，体力消耗巨大。特别是遇上大"扫荡"，部队陷入重围，不得不分散活动与敌周旋，白天不能进村，吃不上饭，风餐露宿。由于营养不良，加上过度辛劳，疾病时有发生，尤其是夏秋季节，蚊虫叮咬，发生痢疾十分常见。在敌人的严密封锁下，药品极度缺乏，从而导致患者得不到及时有效的治疗。

游击环境下的教学，上课既无课堂，也无课桌。冬季在露天广场上上课，常常头上顶着纷飞的雪花，脚下踩着冰冻的土地，脚冻麻了就站起来跺跺脚；手冻僵了，就搓搓手；墨水冻成了冰块，就用嘴哈哈热气，使之融化。教师板书都用自制的小黑板（行军时由学员背着），有时连小黑板也没

战俘营的"抗三"

有,就借用老百姓的门板当黑板。有时弄不到粉笔,就用木炭棒。学员们没有现成的课本,每人发几张纸,裁开再订个本子就成了笔记本。没有自来水笔,就用铅笔或蘸水笔,最困难时连蘸水笔也弄不来,就用削尖的鹅翎或子弹头自制笔尖,绑在小木棒上写字。墨水是用颜料自己配制的,铅笔总是用到手拿不住时才会丢掉。纸总是写得密密麻麻,直到没有任何空隙时才会换一张。有时没有笔纸,人们索性折根木棍柴棒在地上画写;没有灯光,就在暗夜里默读和问答。教员比学员更辛苦,他们和学员们一样背着背包转移行军,一到目的地,不是讲课就是备课,由于缺乏参考资料,他们就亲自进行社会调查。补习文化课的学员在行军时,就把自己当天要学会的字写在厚纸上,挂在前边同学的背包上,边走边看,边念边记。有时精力过于集中,部队停止前进了都不知道,后边的撞到前边的身上,有的人把鼻子都碰出了血。

情况紧张时,部队每天都在转移,一次行军或十里八里,或三十里二十里,常常是傍晚行军,当夜宿营,第二天照常上课。有时课上了一半就发生了敌情,不得不把课停下来,背起背包就走。到达新的营地后,教员们一面抽调少数同学来值班负责安排吃住、站岗放哨,一面把部队集合起来继续上课。为争取时间,有时教员们起床后饭都顾不上吃,洗一把脸就上课。为了适应战斗环境,有时会把一节课化整为零,分成几节几段,上一节算一节,讲一段是一段,积少成多,聚零为整。

二、活跃在冀中的抗三团

为了机动地避开敌人的袭扰,他们还必须经常变换学习地点。抗三团是无作战任务的教学单位,缺少武器装备,碰到敌人的"扫荡"或清剿时只能转移。一般情况下,一个地方只能住三五天,情况紧急时,一天需要转移几个地方。高度的流动性是抗三团区别于其他教学单位的最大特点之一。

坚持党的双重领导体制,是抗三团坚持平原办学的根本保证。当时,抗三团接受抗大二分校和冀中军区的双重领导,二分校负责抗三团的干部配备、编制机构的调整、教育方针的贯彻、教育计划的制订以及各项工作的指导督促检查;冀中军区主要负责军事行动的指挥,敌方情报的提供,粮食、衣物、费用的筹集调拨,学员的招收及分配等工作。

抗三团能完成平原教学,还在于其有一支坚强的干部队伍。抗三团的干部来自两个渠道,一部分是原来活动在冀中的干部,大多土生土长,人熟地熟,有在平原游击战争环境下办学的初步经验;一部分来自抗大的干部,绝大多数是经过长征的老红军骨干和第二次国内革命战争末期参军入党的知识分子及老地下党员,而中队一级的干部和机关的参谋干事等,基本上都是抗大前几期的毕业生,或是从冀中军区教导团毕业生中选拔的留校生,有些队长也是老红军干部。

为了适应冀中平原的教学特点,抗三团的组织机构既不同于正规教学单位,也不同于作战部队,除设有训练处(组织军队文化教育)、政治处(负责政治思想工作)外,还设有司令部、特务连,为的是能在动荡不安的战斗环境中应付敌情,保障部队行军、宿营和教学的安全。并在此基础上制

战俘营的"抗三"

订了新的训练计划,根据冀中军区在整军建军中"走上正规化、八路军化的道路"的指导思想,努力实现党的铁军化、野战化。抗三团于1940年冬招收了第二期学员,继续在动荡的环境中开展教学工作。

持续四个月的"百团大战"给了敌人以沉重打击,打出了八路军的声威,回击了国民党污蔑八路军"游而不击"的谬论,增强了人民抗战的信心。但"百团大战"也暴露了八路军的力量,使敌人更加注意对付和封锁共产党八路军在华北的根据地,给抗日斗争增加了困难。

从1941年起,日军进攻八路军的兵力陆续增加,华北方面军的总司令也易人,由冈村宁次接任。他一上任就改变了战略方针,提出所谓"治安强化运动",即集军事、政治、经济、交通、特务五位一体的"总力战"。在军事上,对八路军根据地更加频繁地进行残酷"扫荡",又大量建筑点碉,挖沟修路,进行分割封锁、逐步"吞食",企图扩大和巩固面上的占领。在政治上,极力强化伪军、伪组织,加强特务活动,破坏共产党地方组织,对人民进行疯狂屠杀镇压。在经济上,对根据地进行严密封锁,推行"杀光、抢光、烧光"的"三光"政策。

此时,国民党顽固派在日军的诱降下,抗战更加消极,反共更加猖狂,不断指使其下属将领制造摩擦,或打着所谓"曲线救国"的幌子率部投敌,公开反共,使共产党领导的敌后抗日根据地在战略上处于日军主力和国民党顽固派的夹击之中。

二、活跃在冀中的抗三团

第二期学员到校不久,国内就发生了震惊中外的"皖南事变"。消息传来,群情激愤,大家当即掀起了"坚持抗战,反对投降;坚持团结,反对分裂;坚持进步,反对倒退"的怒潮,抗三团干部和学员利用黑板报、贴标语、演节目和开座谈会、演讲会等形式,揭露国民党顽固派制造摩擦、屠杀抗日军民的罪行,宣传团结抗日的道理。当时正值春节前后,抗三团利用春节,与驻地安平县羽林一带的群众举行了声势浩大的声讨大会,向蒋介石发了抗议通电,晚上还组织了火把游行,以实际行动回击了反动派的倒行逆施。

三四月间,周围敌情又趋紧张,预示着敌人的春季"扫荡"即将到来,为避开敌人的袭击,参加抗大五周年和二分校两周年校庆,抗三团主动跨越平汉铁路开到路西山区,回到行唐县口头镇、梨沿庄一带。6月1日,抗三团向分校靠拢,开进到红山口岔头,与抗一团、抗二团首次会师,在韩信台举行了校庆纪念活动。晋察冀军区司令员聂荣臻和军区政治部主任朱良才做了重要讲话,抗敌剧社还演出了大型话剧《日出》。这次大会是一次纪念大会,也是一次互相观摩与学习的大会,又是一次向正规化进军的誓师大会。会后,抗三团的教学工作出现了热潮,加快了前进的步伐。

7月间,青纱帐刚起来,抗三团就返回冀中平原。这次返程,由于敌人在铁路两侧都挖了又深又宽的封锁沟,铁路沿线又增设了岗楼,比以前的困难更大。

抗三团刚回到冀中,就遇到敌人的秋季大"扫荡"。日军集中 2 万余兵力,以"铁壁合围"的方法,对地处平津保

战俘营的"抗三"

三角地区的七分区进行了残酷"扫荡",使整个大清河北边变为游击区。抗三团和军区机关被围在定县邢邑镇一带,并遭敌机轰炸扫射。好在有青纱帐作为掩护,加之群众的支援,部队没受什么损失,反而丰富了教学内容,锻炼了部队。

1941年12月8日,日军发动了太平洋战争。为把中国变成其扩大侵略战争的"后方基地",日军加紧了对根据地的"扫荡"和吞食。随着时间的推进,日军进攻的重点逐渐压缩到抗三团经常活动的定南、深泽、无极、安国、安平、饶阳等中心区,为了适应新的斗争形势,抗三团对机构进行了调整,将原来的三个大队改为五个大队,其中一、二、三大队分别配属给冀中军区第七、第八、第九军分区,留两个大队作为团部直属大队,仍随团部活动。

1942年春,党中央、毛主席发出了"全面整顿三风"的指示。抗三团的整风学习刚开始不久,学员的训练任务也只完成了一半,日军的"五一扫荡"就开始了,抗三团遂进入了持续艰苦的反"扫荡"斗争时期。

三、抗三团的反"扫荡"

1942年5月1日,日军对冀中根据地发动了残酷的"五一扫荡",这次活动由华北方面军司令官冈村宁次亲自指挥,集中了3个师团、2个旅团和大批伪军约5万人,配属飞机、坦克、炮兵、骑兵、自行车队,采取"十面出击""铁壁合围""梳篦拉网""剔抉清剿"等手段,实行杀光、抢光、烧光的"三光政策",妄图一举歼灭冀中抗日武装,摧毁人民政权,摧毁冀中抗日根据地。这次"扫荡"规模之大、时间之长、手段之毒、摧残之重都是史无前例的。当时的冀中根据地变成了"抬头见岗楼,出门是公路,无村不戴孝,处处是狼烟"的景象,冀中军民被俘被捕被抓5万余人,处在敌人重兵合围中的抗三团也经历了血与火的考验。

1. 反"扫荡"动员

1942年4月,日军在对冀中地区进行"扫荡"前夕,先制造了一系列假象,对冀东、冀西、冀南进行了武装"扫荡",企图把八路军主力先赶到冀中平原,再一举歼灭。根据军区指示,抗三团团部和直属一、二大队在定南邢邑进行了反"扫荡"紧急动员,将休养所、文印组人员及笨重物资

战俘营的"抗三"

图1 泯灭人性的日本军官砍杀中国军民后手提人头狞笑（何天义研究室征集图片）

就地分散，并进行突袭平汉路以西的各项准备工作。后因平汉路已被敌人严密封锁，敌人已先期在路西进行过"扫荡"，抗三团驻地七分区周围的敌人也已做好进行"扫荡"的准备，军区紧急指示抗三团放弃从平汉路突围的意图，迅速转移到沧石路以南地区，寻找机遇通过石德路南进，跳出敌人合围圈。

据此，抗三团随即东进，转移到饶阳县北张大人庄。此时，抗一大队、抗二大队分别随七、八军分区活动，而抗三大队则奉命向团部靠拢。抗三大队途经套里村，遭遇敌人奔袭合围，激战两小时，顽强抗击了数十倍兵马的敌人。抗三大队突围后沿着道沟急行，到张大人庄与团部会合，并随团部继续活动。抗三团团直机关与各大队避开了日军"五一扫荡"的第一轮冲击波，而提前坚壁在献县宋家房子的团文印

三、抗三团的反"扫荡"

组,却遭到了灭顶之灾。

团文印组共6个人,4月离开团部后进入宋家房子单独活动,几乎每天都要通宵达旦地刻写、校对、印刷、装订、包装,一直干到黎明之前。结束工作后,还要把机器物资坚壁入洞,做好伪装,待天明后各自回"家"休息。他们的活动可能已被敌人察觉,所以,"五一扫荡"的第一天,日军就突袭了宋家房子。当时,文印组成员已经化装成老百姓,分散居住在农民家中。组员乔连川和另一个组员住在工作室。拂晓时,他们被房顶的声音惊醒,急忙翻身起床,舔破窗纸向外边看。他们看到外面有人翻墙进院并推开屋门,因为门闩插着,对方又从房顶向院内投砖石,还故意压低声音喊道:"喂,屋里有人吗?我们是分区机关的,有情况……"但乔连川等并未回应,对方以为屋里真的没人,就撤走了。情况紧急,乔连川两人当下决定翻墙找组长汇报。正在翻墙时,房外响起一阵急促的跑步声,接着响起了急骤的枪声。霎时,村子四周响起了炮火声,敌人已经包围了村庄,并向村中心逼近。枪声惊醒了沉睡的群众,子弹声、炮火声伴着人们的喊声、哭声、惨叫声,村子陷入一片混乱、一片恐怖。

年轻的文印组组长共产党员董志森非常机智勇敢,他飞快地冲到村子中央,趁着混乱与村长取得了联系,又找到文印组的几个组员,让大家带领群众火速突围。他看着人们向村外冲去,又冒着浓烟、迎着枪弹折回住处,检查了坚壁机器的洞口后,顺手提过一筐粪土倒在洞口之上,然后箭一般

战俘营的"抗三"

地冲到正屋,背起60多岁卧病不起的大娘,向外突围。

"志森孩子,快放下我,你跑吧,我不能连累你。"大娘在董志森背上轻声喊着,他却坚定地说:"娘,有儿在,就要背您出去。"董志森还没跑到门口,敌人已进了院子,他急忙转身把大娘背向屋内,放在炕上,并盖了一床被子。敌人已快到门口,董志森掏出手榴弹,刚刚拉断弹弦正要向敌人冲去时,敌人一枪击中了他。他摔倒在地,却忍着疼痛,投出手榴弹。一声巨响,一团浓烟,两个日本兵被炸翻在地,接着又有几个敌兵向董志森扑来。

董志森,这个看上去显得文弱而单薄的青年,猛地从地上一跃而起,投出了第二个手榴弹。随着爆炸声,又有一个日本兵被炸死。就在这时,几颗罪恶的子弹飞来,射进了董志森的胸膛。董志森两眼喷射着仇恨的怒火,倒在血泊中。剩下的几个敌人不敢再进屋搜掠,只是向屋内乱打了一阵枪,便慌乱地撤离了院子。

隔壁院内住着文印组的炊事员老郑,他正隐蔽在院子的门洞里,待机突围。听到手榴弹的爆炸声和枪声,他判断董志森已同敌人遭遇了。他顺手抄起一把铁锹,跃出大门,猫着腰向董志森住的院子冲去。当他正要跨进门槛时,突然从院里慌慌张张地窜出两个汉奸和几个日本兵,他们几乎撞个满怀,老郑稍退两步,稳住双脚。

一个翻译官模样的汉奸对老郑开口就骂:"他妈的乱跑什么?"

老郑瞪了汉奸一眼:"狗汉奸,你嚎什么?"

三、抗三团的反"扫荡"

汉奸被激怒了,吼叫着向老郑扑来。不料老郑眼疾手快,猛地抡起铁锹向汉奸砍去,只听"咔嚓"一声,砍个正中,汉奸的半个脑袋被削了下来。

愣在一旁的日本兵怪叫一声,向老郑开了一枪,老郑一个趔趄,几乎摔倒,鲜血从左肩流了下来。他用力稳定身体,靠在墙上,手举铁锹,怒视着敌人,伺机与敌人拼杀。两个日本兵端着刺刀,慢慢逼向老郑。

老郑紧握铁锹,目不转睛。敌兵倒退了几步,"咔"地一跺脚,做出了预备刺杀的姿势。老郑临危不惧,忍着剧痛,眯着双眼,紧紧地盯着敌人。正前方的一个敌人"呀呀"地喊叫着,向老郑刺来。老郑看到敌人已逼上前,蓦地像一头猛狮似地大吼一声,抡起铁锹向鬼子戳去,"咣当"一声,把敌人的枪拨开,打掉在地,紧接着就扑向敌人。这个日本兵惨叫一声,被劈倒在门前,钢盔滚落了好远。当老郑抽回铁锹正要转身时,身后日军的两把刺刀同时向他刺来。

老郑,这个宁死不屈的钢铁汉子,用尽了最后的力气,喘着粗气,从地上艰难地爬了起来。他用手捧起浸泡在热血中的肠子,咬紧牙,扶着院墙向前挪了几步,又沉重地倒了下去。老郑被敌人杀害了,但他并不知道被自己一铁锹劈死的日本兵,就是枪杀董志森的凶手。他为战友报了仇,自己也献出了宝贵的生命,但保住了墙壁里的机器。而与此同时,村东头的一位大娘为了保护文印组的物资,差点献出了生命。

战俘营的"抗三"

当村外传来第一声枪响时,这位大娘就急忙叫醒作为自己"儿子"的文印组组员,他们还没有来得及出屋,敌人已经开始砸门了。于是,"儿子"背起老娘,飞快地向后院跑。

文印员说:"娘,我扶您上房藏起来。"

大娘却说:"不,我一个老婆子怕什么,你赶紧跳墙跑!"文印员不走,大娘生气了:"要死死我一个,你快跑!"

大娘推着文印员正要跳墙,墙外突然响起了激烈的枪声,他们急忙折回前院。大娘眼睛一亮,急中生智,一把将文印员推到一个一人多深的地窖里。"敌人不会发现,你千万不要出来",她一边说,一边急忙拿过一块木板盖住了窖口,又顺手拉过一片苇席盖住了木板。这时,敌人砸开大门,冲了进来。

冲进院子的是一伙汉奸伪军,一个戴着袖章的头目吆喝着伪军四处搜查,一时间翻箱倒柜,乌烟瘴气。

汉奸头目走到大娘跟前,喊道:"老婆子,你们家藏着八路没有?"

"没有。"大娘回答得沉着、冷静。

"你们村有没有八路?"

"不知道。"

"八路的印刷厂藏在什么地方?"

"我听不懂你说的是什么。"

啪!一记重重的耳光打在大娘的脸上,她的嘴角流出了鲜血。

"我告诉你,这宋家屋子,我们便衣来了多少趟了,你

三、抗三团的反"扫荡"

家里就有八路!说,藏到哪里去了!"

"俺家没八路。"

"要是在你家搜出怎么办?"

为了稳住地窖里的抗三团战士,大娘提高声音说:"俺家没八路,要是在俺家搜出八路,你打死我!"说完,有意识地吐了一口唾沫。

汉奸头目挥起马鞭,劈头盖脸地朝大娘猛抽,接着又是一阵拳打脚踢,大娘顺势栽倒在窖口上面那片苇席上。

大娘一声声的惨叫和呻吟,也撕扯着地窖里"儿子"的心。昨夜,掩埋机器干了一通宵,太疲倦了,睡得太沉,以致使大娘为他受难。他想冲出洞口救出大娘,可是洞口被压死了。

街上响起了急促的哨声,汉奸头目和几个伪军把大娘打得晕了过去,急慌慌地溜走了。合围宋家房子的敌人,一路烧杀抢掠,直到中午才撤走了。

邻居们救起了大娘,文印组的战士从地窖里出来后,把大娘抱在怀中,悲恸欲绝地哭了。大娘艰难地睁开双眼看着他,轻轻地呼唤了一声:"孩子……"又晕了过去。这就是子弟兵的母亲,靠着这座军民团结的铜墙铁壁,抗三团继续进行着艰难的反"扫荡"。

5月3日,冀中军区机关向南长途急进,突过沧石公路,转到深县、武强、武邑交界地区。抗三团则向南前进到武城县以北的留楚、召石等村。面对敌人据点大量增兵的险恶局势,陈文彪团长当即召集了军政委员会扩大会议。会议决定进一步轻装，将烘炉剧社、图书馆及其他物资马匹等就地坚壁，做继续向南突围的准备。

2. 团直第一次被合围

这次"扫荡"，敌人先大范围地由外向内压缩，然后分割成几个大包围圈，包围圈周围的日伪军一边打枪，一边前进，把包围圈逐渐缩小。骑兵在包围圈内横冲直撞，烧杀抢掠。

5月9日夜，团部和直属一、二大队及抗三大队一起突过沧石公路。过了公路后，当队伍到达五洛寺时，才知道冀中军区机关已转移出去，这里的敌情也十分严重。为分散目标，团领导决定抗三大队立即北返，向第九军分区靠拢。并进一步缩减机关人员，让一部分团直人员前往深（县）磨（头）公路两侧村庄，化整为零，分散活动，团部临时决定，大家能回家者暂时回家，有亲者投亲，无亲者靠友，无任何关系者，通过村政权换便衣分散隐蔽在群众中。团直机关和直属一、二大队则继续南行，当夜驻扎在护驾迟、凤凰池等村。5月10日夜，团直机关和直属一、二大队继续南进，准备突过石德铁路到达冀南地区，因敌人在石德铁路沿线已有重兵严密封锁，未能过路，又返回护驾池地区。

5月10日，敌人已对深（县）武（强）饶（阳）安（平）地区开始了大"扫荡"。5月11日凌晨，日军第四十一师团、独立第九混成旅团各一部及当地伪军8 000多人，又对深南地区开始了疯狂的合围"扫荡"。抗三团的指战员在

三、抗三团的反"扫荡"

敌机轰炸、坦克冲撞、步骑围追的堵截下，只能各自为战，凭借道沟和村落与敌周旋。白天不便于活动就隐蔽在野外的庄稼地里，晚上出来联络活动。内线不便于活动，就转移到敌占区活动。有时，敌人在村东头他们住村西头，敌人在街上他们在屋里，敌人在塘外他们在院里。11日下午，抗三团人员分散突出敌人合围圈，未受太大的损失，之后，即以区队或班为单位，分散在群众中进行隐蔽活动。团政治处组织股副股长谷自珍根据团领导的指派，带领团机关的五六个人员分散到护驾池西北面的董庄村附近，隐蔽在当地群众中活动。

谷自珍等人于5月13日到了董庄村，和村干部接洽后，分散在各家群众中。谷自珍被分到村西北的董冰辰老人家。老人给谷自珍换了一件蓝灰色的破烂便服，把他的军装换下后装在一口小缸里，埋在院内北墙角下。谷自珍除每天在董家吃一两次饭，大部分时间在野外进行隐蔽活动，除帮助群众做些农活外，主要是观察周围有无敌情，以便及时发现敌人，更好地与敌周旋。到晚上再进村里了解群众的生活情况，做些打日本、反"扫荡"的宣传工作。他们在董庄村隐蔽期间，有小股敌人在附近村子里进行过几次袭击，但都被他们提前发现而避开了。所以，他们虽然经常在紧张的敌情中生活，但未发生过任何问题，在董庄村安全顺利地生活了一个星期。

5月21日，团部通知谷自珍，要其回团部一趟。5月22日下午，他来到团部所在地。团领导告诉他，军区有指示，

战俘营的"抗三"

敌人大规模的"扫荡"已基本过去,部队人员要集中起来对付小股敌人的袭扰,抗三团人员也应逐步集中起来,进行教学活动。当晚,他未赶回董庄村,即在团部所在的村里休息。

此时,抗三团第一大队正在靠近第七军分区的区域进行活动,5月初,分区直属队遭到安国县伍仁桥的敌人长途奔袭,经掩护部队拼力血战,才跳出险境。随后,抗一大队从定南县七级村转移到深武饶三县交界地带。

5月10日晨,抗一大队遭敌15 000人合围,连续苦战,直到天黑才分两路冲出合围圈。5月12日,趁安平之敌外出"扫荡"之隙,抗一大队白天取道安平城北敌占区,转到敌人刚刚"扫荡"过的晋(县)深(泽)安(平)地区,自此化整为零,进行了月余的反"清剿"斗争。在这次战斗中,抗一大队十多名学员壮烈牺牲,一部分学员被俘。

抗三团第二大队原随第八军分区机关在武强、武邑、阜城、交河四县活动,"五一扫荡"开始后,二大队单独活动,兵分两路向东向南转移。大队长高龙到村边察看地形时,被敌人的便衣特务抓捕,后被杀害。教导员谢特山和分区参谋长李弗畏带领部队,从交河镇附近渡过大运河,穿越津浦路,进入南皮境内,后经盐山、黄骅地区,沿渤海湾南下到山东清河地区,继续进行教育训练。抗三团第三大队于5月9日经沧石路向北返回饶阳,趁敌"扫荡"的间隙,穿插迂回向外转移,于14日进入白洋淀第九军分区驻地,根据军分区首长指示提前结业。

3. 团直第二次被包围

敌人在第一次大"扫荡"过后，一面在周围加强点线严密封锁，一面故意在中心区留出空隙，引诱冀中主力、领导机关和突围部队返回，企图以优势兵力对其快速包围，一举歼灭。当时，冀中军区误以为参加"扫荡"的敌人大部分已撤走，随即连续发出指示，要求分散在深南地区的部队相对集中，返回敌人已经清剿过的区域来恢复活动，不料却遭敌人更大规模的清洗和袭击。

5月23日凌晨，日军由北面的沧石路、南面的石德路、西面的深磨路和东面的滏阳河同时发起进攻，合击在深南地区活动的地方武装，挨村搜掠抓人。部队和群众向南突围，抗三团的干部学员仍然三三两两，各自为战，白天在村外隐蔽，夜间进村活动，在群众的保护下与敌周旋。

日军在对冀中中心区大规模"扫荡"中，到处修岗楼、设据点、建立伪政权。敌伪在冀中根据地8 000个村庄、60 000平方千米的地域内，竟修筑了1 600个据点，挖掘了1 700多千米的封锁沟，铁路和公路四通八达，碉堡成群，火力相接，沟路交错，密如蛛网。加之一次又一次的"强化治安"运动，敌伪"讨伐队""清剿队"猖獗，敌特人员横行，出没无常，对分散隐蔽的抗三团机关和两个直属队威胁很大。隐蔽在深南地区的干部学员通过串联集合了100多人，三过沧石路而未成，政治教员李子珣在其间不幸牺牲。只有队长李兆麟、唐贵忠，政治指导员阎则敬带一个

战俘营的"抗三"

班突围过去,后来他们回到定南又遇敌人清剿,和上千名群众一起进入了北疃村地道。然而,狡猾的敌人发现了他们,向地道施放毒气,地道里的人员全部遇难,其状甚惨,是为"北疃惨案"。

冀中人民视抗三团的干部学员为亲人,不少群众冒着生命危险,帮助掩护抗三团的人员安全脱险。抗二大队由武强向东突围时,敌人岗哨重重,压道车来回巡逻,铁路运河沟深水满无法通过,正踌躇为难之际,一位老乡挺身而出,主动带路,使大队安全通过。女文化教员孙树棠在护驾迟村一位大娘家隐蔽,大娘只有一个女儿和不满周岁的外孙女。一天清晨,敌人把全村百姓赶到村口,逐个审问,凡口音不是当地的,立即抓捕杀害,或让狼狗咬死。孙树棠不是本地人,口音自然不对,大娘急得心如火燎,看到敌人正向孙树棠走去时,她急中生智对女儿说:"快把孩子给你姐。"女儿心领神会,一把将孩子推给孙树棠说:"姐,快给孩子吃奶。"孙树棠急忙接过孩子,孩子被敌人吓得"哇"的一声大哭,嗷嗷待哺,孙树棠急忙解衣喂奶,孩子一头扎进她怀里,叼住奶头吮吸。日本兵以为孙树棠是本村的妇女,随即转身离开,使她幸免于难。敌人走后,孙树棠喊了一声"娘",一头扎进大娘的怀抱。

副中队长李华负伤后,曾多次遇险,但在房东老大爷的掩护下,都一次次转危为安。政治教员卫民在敌人搜索时,决意以手榴弹与敌同归于尽,他的手腿被炸伤,昏迷中被群众救起,隐蔽在武强县一个开茶馆的大爷家中。这位老人是

三、抗三团的反"扫荡"

第一次世界大战时期去欧洲参战的老华工,他慷慨豪爽,精心护理卫民,直到其伤愈归队,情同骨肉,感人至深。

4. 血与火的洗礼

在两次突围中,抗三团全体上下经历了血与火的洗礼。他们在强敌的冲击围捕和反复清剿中,临危不惧,顽强斗争,许多人在分散进行隐蔽活动时,风餐露宿;有的长期不能进入村庄,整天伏在野外;有的忍饥挨饿,一天吃不上一顿饱饭,只靠野菜充饥;有的负伤后得不到及时治疗,以致伤口化脓生蛆。但他们毫不灰心,毫不气馁,仍然积极寻找队伍。

有些学员化装隐蔽时不幸与群众一起被捕。抗三大队二中队赵副队长和通信员小周,在返校过程中因迷失方向不幸被捕,敌人严刑逼供,问他们大队的去向,他俩守口如瓶,宁死不屈,最终遭敌杀害。军事教员崔家河在反"扫荡"中被敌人堵在厕所里,他威武不屈,拉响手榴弹与敌同归于尽。抗三大队有三个学员在套里村,为掩护大大队突围,英勇抗击十数倍之敌,任务完成了,他们也英勇献身了。直属一大队学员王东昌在回到安平家乡隐蔽后,与在角邱岗楼里做饭的老乡商议好,趁岗楼敌人早晨外出下楼之际,突然闯入岗楼,抄起机枪向敌猛射,使十几个鬼子兵赤手空拳狼狈地跑回安平县城,创造了只身端掉敌人岗楼的英雄战迹,受到冀中军区的通令嘉奖,被当地群众传为佳话。在反"五一扫荡"后期,冀中军区和抗大二分校鉴于抗三团反"扫荡"

战俘营的"抗三"

的实际情况，决定命令抗三团第三期学员提前结束学习，返回原部队，教职员完成收容任务后，撤回平汉路西的抗大二分校。

到1942年9月，学员基本回归原部队。抗三团的2 000多名学员回到原部队，全团400多名干部大多回到抗大二分校本部。但也有相当一批干部学员被敌人抓捕、俘虏之后，在肉体和心灵上，经受了另一种考验。

5. 战场之外的考验

抗三团是无作战任务的教学单位，虽然教职员中有一批经过长征、久经考验的老红军，也有一批在冀中地区与敌人血拼4年的基层干部和作战骨干，但都没有什么武器。除担任团机关警卫的特务连配有机枪步枪，有一定自卫能力外，每个学员中队只有几支用于教学和自卫的杂式步枪，供站岗放哨使用，大部分干部和学员基本上是徒手。所谓反"扫荡"，并不是拿着武器同敌人真枪实弹地拼命冲杀，而是分散隐蔽，设法跳出敌人的包围圈。

1942年5月22日，抗三团政治处组织股副股长谷自珍奉命回到团部，准备集中学员进行教学。但刚睡了一觉，情况就发生了变化。5月23日，敌人对抗三团所在的深南地区开始了四面合围拉网式的"扫荡"。黎明时分，团部所在的村庄发现了敌情，先是东边响起了枪声，谷自珍和团部一些人员及当地一些逃难的老乡便一起向西南边跑。约半个小时，南边也有了敌情，大批逃难的老乡从南边涌来，群众分

三、抗三团的反"扫荡"

不清哪边有敌人,只知道向四处乱跑。谷自珍和团机关的干部同拥挤的群众一起向西北方向跑去,东奔西跑到中午也没有跳出敌人的合围圈。下午两三点,他们和群众跑到深南县南北王庄附近,发现周围村庄都有了敌人。于是一行十余人,就在南北王庄野外麦田和小树林里隐蔽起来,准备等到天黑后再跳出敌人的合围圈。但敌人在占据了周围村庄后,散开了兵力,又对野外进行了拉网搜剿。谷自珍一行人不幸被捕,一块被围的还有几十个群众,敌人先把他们押到南王庄村的一个打麦场上,晚上,关在老百姓放杂物的房子里。谷自珍和战友们想挖墙洞逃走,但屋中关着四五十人,拥挤不堪,无法动弹,又没找到挖墙的工具,用手指只能揭开墙皮而无法挖开地基和墙壁,未能实现逃跑的想法。

翌日中午,来了十几个日本兵,把他们四五十人押送到护驾迟村,关在村中一个被敌人烧掉房子顶盖的大空院里。那里已经关了四五百人,各个房子门口、大院四周都有日本兵看守,被押人员只能坐着,不允许说话,更不准走动。就在这时,直属一大队二中队的政治指导员和一批学员也被押了过来,战俘队中出现了不少抗三团干部学员的熟悉面孔。他们在那里关押了六七天,敌伪人员没有提供任何食物,只提过几桶水,允许关押人员抢着喝上几口。还有一次,搬来了几麻袋带皮的落花生,向各个房框内撒过几把,每人也轮不到四五粒花生,人们饥饿干渴,万分难挨。

5月30日上午,敌人用粗绳子,把关在那里的460多人每人捆住一条胳膊,连成一串,从护驾迟村出发向西南方前进。下午三四点到了石德铁路的磨头火车站,在空旷的野地里坐了一天一夜,敌人登记了每个人的姓名和身份,把20个人编成一个班。在登记姓名时,谷自珍隐瞒了自己的真实身份,化名刘五,为深县董庄人。在这里,敌人仍然不给饭吃、不给水喝,人们在死亡的边缘上煎熬着。

5月31日午后,车站来了一辆运货的闷罐子车,他们被押上第五节、第六节闷罐车厢。当日下午被拉到石家庄火车站,下车后被押着走了半个多小时,来到石家庄战俘集中营。与谷自珍命运相同,抗三团政治处除奸股干事赵秉钧也是隐蔽时被俘的。当团直机关第一次被围时,他所在的机关被敌人冲散了,不得已,他躲在小堤村附近一个老乡的大席棚里,身上只带着一颗手榴弹,准备在敌人抓捕时与其同归于尽。当时他正发着烧,当地老乡发现后,便把他领回家藏了起来,给他做了一碗杂面条。他吃了热面条后,很快出了一身大汗。就在这时,日伪人员进院搜查,老乡说赵秉钧是他家的人,正生着病高烧发汗,日伪人员摸了摸他的头,确认发烧有汗,就不再理会。敌人走后,老乡想让赵秉钧再住几天,等病好了再走,他怕连累老百姓,没有停留,立即出村。后在西里满村村干部的帮助下,他才换上了便衣。因为他是南方人,一听口音就知道不是本地人,为了不给群众添麻烦,他在部队侦察员的帮助下,找到政教股股长卫子人率领的一个班,随其一块儿活动。第四天转移时,他们同敌人相遇,被敌包围后抓捕至旧城监狱。敌人审问时,他化名王风,说自己是冀中骑兵团的勤务兵,跟随国民党起义来到这

三、抗三团的反"扫荡"

里,借以掩护南方人的口音,不久他也被送到石家庄战俘营。

抗三团宣传股长李振军和政治主任教员朱韬,赤手空拳地与敌人周旋。依靠群众的掩护,躲过了5月11日和5月23日的两次合围。6月2日,他们结伴北渡滹沱河,在去白洋淀寻找部队时,不幸于安平县郎仁村陷入敌人包围,左冲右突,终因手无寸铁而同时被捕。起初关在安平县日本宪兵队,后转到辛集镇日军联队司令部。几经严刑拷打,但他们保持了共产党员的气节,隐瞒了自己的身份,李振军化名马良,朱韬化名李满贵,在敌人的看守所里,他们成立了党的秘密组织——政治保证组,作为团结教育群众和开展对敌斗争的核心。6月下旬的一天,他们被敌人押上火车,离开辛集镇,送到石家庄战俘营。后来,在回忆这段历史时,担任中国人民武警总队政委的李振军,曾写了一首名为《信心》的诗:"战云漫冀中,血雨裹腥风。长夜行将尽,高歌抗严冬。"

与他们类似,除奸股干事石岩,军事教导员李逸民、王永洛、李红德三人也是在逃出敌人对抗三团的两次合围后,于6月30日在定县周村南进的树林里隐蔽时,被敌骑兵包围,因手无寸铁而被俘。他们先后被关进定县日军中队地窖,后送到定县监狱,于8月初被送进石家庄战俘营。像这样英勇抗争后不幸被捕的抗三团干部学员到底有多少?据当事人回忆,至少有几百人。他们在数万战俘中起了领导带头的作用,是战俘营建立秘密组织的骨干。

战俘营的"抗三"

图2 日军抓捕俘虏的中国军民,先送至战俘营,再以特殊工人的名义,送往伪满洲国区域服苦役(何天义研究室征集图片)

四、战俘营的特别支部

1. 特别支部的酝酿

抗三团政治处组织股副股长谷自珍,是 1942 年 5 月 31 日被日军用闷罐车送到石家庄的,下了火车,在日军士兵的押解下又走了半个多小时,才到达石家庄战俘营。战俘营门口有岗楼、路挡,还有 4 个日本兵站岗。看到门口挂着的木牌子写着"石门劳工教习所",他们才知道到了什么地方。一进北大门是一座宽阔的大院子,西北角的墙根摆着几个盛白药水的汽油桶,押送的日军和接收的日军办完交接后,就让他们这 500 多人脱掉衣服进行所谓的"消毒"。战俘们赤身裸体地被赶进汽油桶,在水中扎一个猛子,只要水没过头顶,就算是消了毒。接着在广场上跑步,把身上的水跑干后,每人发了一身衣服。衣服都是先前的战俘脱下的,破烂不堪,有单有棉,碰到什么算什么,轮到谷自珍时,发了他一身黄色的棉军装。炎热的六月,穿一身棉衣,难耐之苦可想而知。

交接、消毒、换衣后,他们被战俘营处理科的管理人员领进第一道门,这个门由战俘营的警备班配合日军战岗。这

战俘营的"抗三"

个院是关押战俘的牢房,院子很大,由北到南并排建有7排木制的房子,每排房子长40米左右,宽6米左右,中间是一个走廊,两边睡人,每排房子又被隔成若干间,小房间住各科干部,大房间住普通班战俘,每间住十几人至几十人不等。院中还有很大的操场,可供几千名战俘集合点名、出操训练。

图3 石家庄战俘营每天都强迫战俘劳工升降日本及汪伪的汉奸旗帜(藏本厚德拍摄,上羽修提供)

初进战俘营,战俘都要进行审讯登记,因为他们这批来的人多,一时来不及审讯,便暂时被带进牢房住下。第二天,他们被列队带到大院东北角的平房里,审讯室有两三间平房,审问者分别坐在屋内的桌子旁,有的提问,有的记录。被审问者站在窗子外边回答有关问题。每个战俘填写一张登记表,主要是姓名、籍贯、职务,被抓经过,有时还会

四、战俘营的特别支部

被问及毛主席、蒋主席、汪主席谁好,你崇拜谁?现场还有几个日本兵和朝鲜翻译维护秩序,监听审讯内容。在对谷自珍进行审讯登记时,他仍按在被捕地编的口供回答,名字叫刘五,深县董庄村人,是种地的老百姓,被错抓来的。

审讯科、处理科的干部本来都是战俘,而且多为共产党八路军。除少数表现不好的会打骂战俘外,多数人都是睁一只眼,闭一只眼,都是应付敌人,所以谷自珍和其他同来的战俘一样,登记一下就算过关了。

在战俘营中,每天只能吃两顿又酸又臭、发了霉的饭,饭给得很少,只能维持生命,而威胁最大的是喝不上水。日军不让喝生水,但又不供应热水,战俘们只能偷着到农院的水井里喝生水,日本兵发现后便是一顿轰赶毒打。战俘们每天都要外出干活,出汗很多,没有水怎么行,水就是血,就是生命啊!有的人因喝不到水,大小便非常困难,甚至唇破目裂、鼻口流血,活活地被折磨死。当时,战俘营里痢疾、黄疸、回归热等好几种传染病流行,每天要死几十人,战俘营的日军却视若无睹。

眼前的一幕幕战俘受虐的惨状,让谷自珍这批抗三团的战俘十分气愤,都认为应该组织起来同敌人斗争,争取战俘的生存权。

还在深南县护驾迟村被关押时,谷自珍就发现被捕的人群中有不少抗三团的干部和学员,如抗三团政教股政治教员刘亚龙(化名张顺)、宣传股干事庄子凯(化名王士林)、二中队副政治指导员王忱(化名杜王子)、学员杨济沧(化

战俘营的"抗三"

图4 日军对石家庄战俘营中的战俘进行训话（藏本厚德拍摄，上羽修提供）

名铁似）等，被俘后大家都隐瞒了身份，起了化名，当时因处于日军看押之下，人多嘴杂，他们只能在远处彼此相望，没有机会互相接近说话。但是在同样的处境和遭遇下，互相之间的基本情况都是知道的。因为在抗三团搞组织工作，谷自珍对干部、学员的政治状况掌握得比较多，认识的人也更多些。被押进战俘营后，他又看到了其他抗三团一些被俘人员，如军教股军事教员阎锐、除奸股除奸干事赵秉钧、抗一大队副教导员李鸿年（化名李鸣年）及一些学员。他想着，应该尽快找这些同志谈谈，弄清情况，建立组织。

战俘营周围虽有铁丝网、电网、高墙、壕沟，但在圈内还是有点自由的，除了集合、学习、劳动，平时可以在院中晒太阳聊天，相互有一些说话的机会，谷自珍就主动找抗三

四、战俘营的特别支部

图5　石家庄战俘营中的战俘劳工在濯洗（藏本厚德拍摄，上羽修提供）

团几个可靠的干部个别谈话，相互串联，了解战俘营的情况，了解抗三团被俘干部被俘后的表现和思想状况。通过几天谈话，谷自珍基本掌握了战俘营的管理机构、审讯情况和战俘的出路，也掌握了抗三团被俘干部的基本情况。他们认为，抗三团被俘干部大体可分三种情况：一是被捕后表现比较好的同志，其政治立场坚定，未暴露身份，未泄露机密，还能大胆积极地进行工作，这是多数；二是被捕后虽未暴露身份、泄露机密，但是思想情绪表现消沉，只是消极地隐蔽自己，不敢进行工作的同志，这种人只是少数；三是被俘后暴露了自己的身份，泄露了党和军队的秘密的人，这种只是个别现象，但影响极坏。据战后调查，抗三团被俘干部数十人，只有副团长王洗凡和除奸干事赵文林等几个人被俘变

战俘营的"抗三"

节,大多数干部学员都发扬了抗大精神,保持了革命气节和革命精神,为死寂的战俘营带来了活力,带来了生气。于是,谷自珍等抗三团被俘干部中的共产党员决定组织起来,建立一个秘密支部,领导战俘营进行斗争。

图6　铜铸浮雕:战俘在战俘营的苦难生活(何天义研究室拍摄)

2."六月特支"的成立

石家庄战俘营原来是日军的南兵营,所在营区几排房子间有个能供几千人列队、出操、训练、开会的大操场。劳动训练之余,战俘们可以在这里自由活动,所以经常可以看到战俘们三个一群、五个一伙地在一起聊天讲故事,唱歌玩游戏。日本兵和战俘营管理人员一般也不予干预。

6月初的一天晚饭后,谷自珍和抗三团五六个被俘干部

四、战俘营的特别支部

也来到操场一个没人的角落,他们手捧一堆小石子往地下一蹲,围成一圈,做起了北方农民在田间劳动时经常会玩的"走茅坑""走方城"游戏。事实上,他们只是以游戏为名来召开战俘支部成立会议。参加会议的党员,除组织股的谷自珍外,还有政教股的刘亚龙、宣传股的庄子凯、二中队的王恺等人。

　　会议由谷自珍主持,他首先发言汇报了自己被俘和押进战俘营的情况,接着大家分别进行了汇报,并交换了在战俘营调查了解的情况。发言正热烈时,有个日本兵来到操场,向他们走来。他们立即停止了会议发言,继续玩石子游戏,并把"走方城"游戏改为"走茅坑"游戏,有玩的,有看的,非常热闹。"走茅坑"游戏非常简单好学,参加者两人,两个战俘对阵,一人两个石子,在一个画在地上的区字格里走来走去,谁被堵住,谁就被罚在一个画着的圈里吐一口唾沫。参加会议者,两人执石子比赛,一人负责裁判,其他人有的指挥,有的助阵。日本兵看他们玩得聚精会神,热闹无比,觉得非常好奇,就问他们这是什么游戏,战俘们就说是"走茅坑",日本听不懂,一个战俘就给他解释,"走茅坑"就是"上厕所"的意思,并指着地上画的圆圈说明这就是茅坑。因为不懂中国话,这个日本兵始终没弄明白这个游戏是怎么回事。战俘们邀请这个日本兵参加游戏,他笑着摇摇头走了。

　　日本兵一离开,大家便继续开会。首先选举特别支部的领导成员,经过推荐、协商、举手表决,选举谷自珍为支部

战俘营的"抗三"

图7 抗三团组织股副股长、"六月特支"负责人谷自珍(何天义研究室拍摄)

书记,王忱任组织委员,刘亚龙任宣传委员,赵秉钧为除奸委员,庄子凯任党小组长,先吸收核实了身份的十余名党员,同时联系了抗三团其他几十名被俘人员,秘密计划开展战俘营斗争。

建立组织就要起个名字,有的人提出叫"六一特支",有的人提出叫"六一小组",因为这个支部是在没有与上级党和地方党取得联系的情况下成立的秘密支部,而且是在

四、战俘营的特别支部

"五一扫荡"后的"六月"成立的,最后根据多数人意见,称其为"六月特支"。

组织建立了,就要明确当前的工作任务和秘密工作方法,大家你一言我一语,谈了自己的想法,最后由谷自珍归纳了五条:

第一,教育团结党员和群众,坚定革命立场,树立抗日必胜的信念,保持革命气节和民族气节。

第二,发展壮大党的组织,先把表现好的党员组织起来,再逐步考察吸收立场坚定、工作积极的党员;对表现不积极的党员进行教育,对表现不好的党员从侧面启发,并监视其行动,防止其叛变出卖同志。

第三,教育团结被关押的群众,宣传共产党的抗日统一战线和其他政策,揭露敌人的反动本质和欺骗行为。

第四,在可能的情况下对敌人开展一些破坏活动,外出劳动采取"磨洋工"的办法,尽量不给或少给敌人劳动,寻找机会组织难友越狱逃跑,返回革命队伍。

第五,寻找机会和劳工教习所外的党组织取得联系,以便更好地开展工作,并注意利用劳教管理干部展开工作。尽力传播革命种子,随着劳工的调配和输出,保存、组建和传播党的力量。

任务确立后,他们又研究了支部工作的原则和方法,除了支部的几个成员,其他党员一律单线联络,不发生横向关系,尽量进行个别谈心,少开集体会议。

3. 特别支部的整合

在抗三团战俘营"六月特支"成立的同时，石家庄战俘营还活跃着一个党的秘密组织，这就是以中共冀南五分区地委书记王泊生为首的地方干部成立的秘密组织。王泊生系河北人，被日军押送到战俘营时，登记表上清楚地写着"冀南第五地方委员会书记王泊生"，但日军作战部队的士兵并没有搞清楚地方委员会是什么意思，就按一般干部送来了。当时，战俘营干部班的史含光是冀南二分区武装科科长，处理科科长傅充闫（又名傅惠远）是冀南二分区专员，处理科科员邱祖明（化名邱伟）是冀南一分区侦察参谋，他们原来都是一分区的干部，有的还同王泊生认识。傅充闫看了送来的战俘名单，就告诉邱伟，敌人捉来了一个干部，是地委书记，审讯时应当注意对其进行保护。于是邱伟在审讯登记时，就把王泊生的身份改为"冀南第五军分区司令部文书"，把同时送来的冀中某地区队队长（小团团长）徐梦纯改为游击队战士，并把他们俩编入普通班，保护了起来，在老部下的掩护下，王泊生很快同徐学俊（化名王一夫）、史寒光（化名史子荣）等人取得联系。当时，徐史二人已担任战俘营干部班的正、副总班长，管理着战俘营干部各科及由年轻战俘组成的警备班和普通班的战俘，利用这个便利条件，他们又串联了战俘管理干部邱伟、刘文秀、宁心立、李雨亭、徐某纯、黎亚（化名王春岭）等人成立了"党的同情小组"，并规定了小组的任务：已暴露身份的同志要伪装成积

四、战俘营的特别支部

极分子,争取敌人的信任,以掩护未暴露身份的同志;组织力量打击坏分子的破坏活动;设法改善被俘人员的生活;在普通班未暴露身份的同志争取早日回归部队;到煤矿去的人,要伺机组织逃跑。

在党的同情小组活动的过程中,一些党员认为这个组织只能算作党的一个外围组织,不能算党的秘密组织,于是,王泊生又同徐学俊、史寒光、宁心立等人成立了一个特别支部,有人回忆叫"五月特支",有人回忆称"六一八支部"。

王泊生领导的特别支部在开展活动过程中,听说抗三团的谷自珍也成立了一个特别支部。于是王泊生与谷自珍取得了联系,几经商量,决定两个支部合为一个支部,统称"六月特支"。统一后的第一届支部领导,由王泊生任书记,谷自珍任副书记兼组织委员,刘亚龙任宣传委员。党员开始有20多人,后来随着战俘的增加,一些新入营的党员被吸收入支部,最多时达100人。

人们常说,铁打的营盘,流水的兵。而日军枪刺下的战俘营里人员流动得更快,开始普通班的战俘在集中营待三个月后,才会被外送充作劳工,而"五一扫荡"后的战俘营,一是因为人满为患,无法容纳,二是因为日军扩大战争急需劳工,石家庄集中营在战俘人数最多时,新来的人不到半个月就被编入劳工队送往外地充作劳工。于是特别支部和同情小组也趁机把没有暴露身份的党员干部编入劳工队,为其返回部队创造条件。

因日方外送劳工的周期缩短,特别支部也随机应变。一

战俘营的"抗三"

方面在战俘营选配新的支部负责人继续领导战俘营的斗争，一方面在外送的劳工队中指派特别支部的党员，以便能在到达新的作业场劳动后及时建立特别支部，发动群众组织斗争和逃跑。

图8 "六月特支"负责人赵秉钧（何天义研究室提供）

图9 "六月特支"负责人朱韬（何天义研究室拍摄）

七月初，"六月特支"的第一届支部领导土泊生、谷自珍、刘亚龙、王忱被送往本溪煤矿充作劳工，秘密支部指定赵秉钧（化名王风）为第二届支部领导人。赵秉钧被送到抚顺煤矿充作劳工后，又将支部交给李振军（化名马良）、朱韬（化名李满贵）负责。李朱二人被送往阜新煤矿后，又交给石岩负责。石岩在被送出集中营充作劳工时，把一些工作向同情小组成员、处理科科长邱祖明进行了转接，但支部的具体情况没有对其交底。1943年初，邱祖明被释放出狱，"六月特支"和同情小组的活动基本停止，原来在特别支部和同情小组领导的干部班、警备班管理人员，有的凭着革命的党性和觉悟，有的凭着民族的感情和中国人的气节，继续进行着力所能及的工作，为抗战贡献着自己的力量。有的同志在1944年劳工教习所改名为劳工训练所后，加入了张子元领导的地下工作小组，一直坚持到抗战胜利。

图10　"六月特支"负责人石岩（何天义研究室提供）

4. 魔窟之中　谁家天下

日军在战俘营的统治，表面看起来很强大，深沟高垒，岗哨密布，营房内部建有严密的管理机构，外面又驻有日军大队防止"意外"。而事实上，在里边待一段时间就会发现，这种统治并不是没有空隙的。敌人实行"以华治华"的政策，战俘管理机构都是由被捕人员中挑选的人员组成。为了打开僵持的局面，"六月特支"决定在原有的基础上更自觉、更有计划地持续进行干部班和警备班的工作，并提出了一个大胆的目标：将敌人的管理机构变成共产党的斗争工具。

过了不久，局面开始变化。除教育科以外，战俘人员管理组织的各科室几乎都被"六月特支"的工作渗透了进去，有的科甚至完全为"特支"所控制。这样一来，"特支"就

战俘营的"抗三"

可以更广泛地运用革命的两面手段和敌人进行斗争。

每个新进来的俘虏照例要经过审讯。此时,表面上一切如故,还是那间房子,还是那些问题,审问过程中还是拍桌子瞪眼睛,日本人也还是照常来"巡视巡视",但这时的审讯已不是折磨革命者的手段,而成为保护好人、打击坏人的合法形式。对那些主动投敌的汉奸顽伪人员,以及对共产党和八路军抱有敌意的人们,管理人员会给他们吃点苦头,使其有所收敛,审讯时还常常出现这样的场面:

"你是拥护毛泽东,还是拥护汪精卫?"堂上问。

"拥护汪……"

啪!左脸上飞来一巴掌,"是真心话?"

"真……真心……"

"撒谎!"右脸上又飞来一巴掌。

一次,送来的一批战俘中有一个投敌分子,审问时,场面就更"热闹"了。

"你交了几条枪?"堂上把桌子一拍。

对方还自以为得意,表功地竖起一个指头。

"他妈的!为什么只交一条?"

"我……我……只有一条。"对方有点慌了。

"浑蛋!有人告你有两条。"

"我实在只……只有……"这个叛徒浑身打战了。

"到底藏在哪儿了?说!不给点厉害谅你不肯说,来人,给我揍!"

话音未落,这家伙已被两个人按在地上,接着挨了一顿

四、战俘营的特别支部

揍。而对待有骨气的人,管理人员们既不会打骂,也不会为难,往往问问名字也就过去了。

平时集合站队时,集中营的管理人员照例需要打人,这也是敌人的统治手段。过去是碰上谁谁倒霉,有了"特支"的渗入后,管理人员便慢慢有了"目标"。俘虏们的身上都佩了个符号,一头是号码,一头是一个用以识别身份的日文字母。"特支"掌握了这个"秘密"后,只要一看符号,再参照平时的表现,便可以确定是不是该打的"对象"。有些人挨打挨得多了,也渐渐悟出点"规律",言行上也就渐渐收敛了一些。

这时,石家庄战俘营的形势确实比较好,在群众中甚至可以公开宣传党的抗日主张,一些被俘的国民党士兵也表示将来要到解放区去,至于那些对共产党八路军抱有敌意的人,群众也会给他点苦头吃。难怪后来有人说,1942年夏天到1943年夏天,是战俘营"最红的时代"。这种形势,群众都能够感觉到,彼此心里都有个数,只是摸不清底细罢了。

5."什么叫鬼子?"

法西斯强盗在集中营犯下的罪行罄竹难书,成百上千不愿做亡国奴的人都死在这里。但反抗,总是和镇压与迫害成正比的。集中营的土地上浸透着中国人民的鲜血,也记录着他们可歌可泣的英雄事迹。

战俘营的"抗三"

图 11 日本侵华期间,用各种手段屠杀中国战俘,甚至使用战俘让新兵练习射击、刺杀,锻炼其杀人的胆量。图为日军砍杀中国战俘(何天义研究室征集图片)

每个新来的人,只要多少留心一下周围的事物,很快就会感受到,真正控制着集中营的并不是敌人的凶焰,而是另一种强烈得多的气息,那就是对敌人不共戴天的仇恨和旺盛的斗争意志。墙头上、厕所里,以至于操场的旗杆上,经常出现各种字体写下的标语——"打倒日本帝国主义!""抗战到底!""最后胜利是我们的!"……也经常有人利用大家聚在一起的时候,讲些诸如"苏武牧羊""岳飞抗金""戚继光驱逐倭寇"等一类坚持民族气节、反抗异族侵略的故事。特别是在晚上,大家做工回来总要讲讲一天的见闻,每当谈到如何把鬼子整了一顿、鬼子又如何如何狼狈这类"胜利消息"时,大家就会眉飞色舞,连声叫好,而谈到鬼子的罪行时则咬牙切齿,义愤填膺。

图12 铜铸浮雕:战俘在战俘营的反抗斗争(何天义研究室拍摄)

秘密支部成立后,集中营的斗争由自发变为自觉,个别现象变成普遍现象。外出劳动不是"磨洋工"就是搞破坏。战俘劳工经常被押到西兵营做苦工,多半干些杂活,但他们

战俘营的"抗三"

想方设法修理敌人，进行破坏活动，地基挖了又填，填了再挖；成堆的新砖新瓦转眼间碎了一地，干活时不是锹把折了，便是镐头掉了；拉着车正走到半道，轱辘无缘无故地跑了气，停下来一修就是个把钟头；等等。

　　战俘劳工们比较愿意到外面做工，因为可以放放风，透透气，还可以弄点水喝。对他们来说，出外做工要比待在里边"活便"一些，可以四下看看，找人个别谈谈，反正日本兵一般都不大懂中国话。有时他们就利用这一点，进行一些半公开的宣传活动。

　　一天，李振军同一批战俘劳工外出劳动，中午正聚到一起休息，看守的鬼子一时高兴，一定要劳工们给他唱歌。起初，劳工们故意不敢唱，这个日本兵指指自己的鼻子，又拍拍自己的胸脯，意思是不要紧，有他担保。于是，李振军让一个抗大学员组织大家唱抗日歌曲，战俘劳工们就把"牺牲已到最后关头""救亡进行曲""大刀进行曲"等抗日歌曲唱了起来。当时，这些歌曲在根据地几乎老少皆会，只要一个人起头，大家都能跟着唱。

　　鬼子听不大懂，每唱完一段他还要得意地晃晃脑袋。

　　一唱起这些歌，战俘们好像又回到了那燃烧着抗日烽火的前线，好像有一股巨大的力量自心头升起，鼓舞着人们勇敢地投入斗争。大伙越唱越激动，越高亢，"……看准了敌人，把他消灭！把他消灭！冲啊，大刀向鬼子们的头上砍去，杀！"

　　这一"冲"一"杀"，鬼子听出不对劲了，立即制止大

四、战俘营的特别支部

家继续唱下去,并问李振军:"八格!什么的鬼子?"

李振军则说:"杀人放火的就是鬼子,不杀人不放火的就不是鬼子。"日本兵似懂非懂,又怕出麻烦,再也不让劳工们唱歌了。

日本兵里有个班长非常坏,这家伙经常趁着人们在一起的时候,掏出烟来往地上一撒,有些烟鬼也就满地去拣,他则扬扬得意地看笑话。人们对此十分气愤,"六月特支"经过研究后,决定来一个"反侮辱斗争",约好大家下一次谁也不准去拣,并发动群众互相监督。

第二天,那个鬼子班长果然又来了。这次比往常又多了几个日本兵,他看看离人群走近了,便挤眉弄眼地做了阵鬼脸,同来的几个日本兵也站住了,瞅着战俘劳工们指手画脚。大伙儿看了,心里直冒火。这家伙大摇大摆地走过来,掏了烟,又故意举到头顶上晃了晃,才拉开架式往地下一撒,接着特意回过头向他的伙伴"嘿嘿"了两声,似乎是说:"等着吧,好看的就来了。"然而,这一回他的目的没有得逞,谁也没有去拣,相反,却有成百双饱含着愤怒的眼睛在狠狠地瞪着他。他傻眼了,待要寻衅又一时没找到借口。战俘劳工们让带班的人严正地告诉他:中国人可杀不可辱!要请抽烟就一个一个地给,否则就收回去。自此以后,他再也不敢这么做了。

对这样的鬼子,战俘劳工们找着机会就会整他一顿;但对一部分下层士兵,他们也不放弃在可能的条件下做些工作。此时,由于日本的兵源日益枯竭,日军的成分较之战争

战俘营的"抗三"

初期有了一定程度的变化，一部分下层士兵基本上就是刚刚穿上军装的工人、农民和穷苦学生。他们在国内是被剥削、被压迫的，和军阀、财阀有着不可调和的矛盾。在被强征入伍后，内部官兵之间的统治与被统治的关系，使他们仍然得不到人格上的平等，因此，不满和反战情绪时有流露。战俘劳工们都不会日本话，这些日本兵也多半只会几句简单的中国话，交谈主要不靠嘴，而是靠写字和手势来进行。譬如战俘劳工们问他：在国内做什么？家里有哪些人？生活过得好不好？当兵挨不挨打？有钱的是否欺负穷人？……这些话往往很能打动日本士兵，有的人听了后甚至会伤心落泪。接触几次以后，彼此渐渐熟了，特支的党员们又进一步向他们指出：中国人民和日本人民之间不是敌人，不需要打仗，真正的敌人是日本帝国主义，是那些军阀、财阀，真正需要打仗的也是他们。你们离开自己的家乡、自己的亲人为他们打仗卖命，他们升官发财，末了倒霉的还是你们。

有的日本兵从自己的切身经历中觉悟到这些话的意义，表示同情战俘劳工们，一再指着自己的胸口说："我的明白，你们大大的好人。"逢上这个人值勤，则会睁一只眼闭一只眼，只要当官的不在，战俘劳工们就能随便一点儿：来了人，他打个招呼，大伙就干一干；人一走，大伙又接着聊天。有个上等兵曾经是日本庆应大学的学生，还和特支的党员们辩论过"最后胜利属于谁"的问题，党员们依据毛主席的"论持久战"的原理，把对方驳得哑口无言。侵略者必将自食其果，这是历史注定了的。

6. 团结互助度死生

抗三团和特支的党员们通过个别谈心、单线联系,对思想动摇的人员进行了教育,对悲观失望的人员给予了鼓励,对身体有病的人员给予了安慰和照顾,不仅坚定了八路军被俘人员的信心,而且教育了一部分国民党被俘官兵。

抗三团的通讯员刘志嘉只有16岁,敌人看他小,让他在集中营负责打水、扫地,干杂役活。特支便给他布置任务,让他趁着到伙房打水的机会给病号们弄一些剩饭。抗大学员张景润病重,刘志嘉利用在杂役班干活之便,从伙房弄烙饼和水,偷偷给他送去。地牢里的难友吃不上饭,生命受到威胁,刘志嘉便找来一个罐头瓶装上米饭、窝头等食品,然后再把罐头瓶藏在铁壶里,盖上盖,瞒过敌人拿出伙房,趁中午和晚上人少时,把食物偷偷从地牢的窖口扔下去,挽救了不少难友和病友的生命。

特支的党员外出劳动或到敌人衣粮厂搬运物品时,总是想方设法带点食物与水,有时还偷些饼干回来,以此救济有病的难友,并作为向党组织上缴的"特殊党费"。

抗三团军事教员黄文因身体虚弱,在市郊服苦役时昏倒在地,被人们抬回集中营后放置在重病室的地上,高烧昏迷,不省人事,生命垂危。"六月特支"的支部书记李振军发现后,立即派原第九军分区医生李志忠对其进行抢救治疗,喂药喂饭,终于把黄文从死亡线上拉了回来。

特支的宣传委员朱韬染上了回归热,高烧40度,却没

战俘营的"抗三"

有药,大伙急得团团转,眼看着他的病情一步步加重。有个难友外出做工时偷偷弄回3支"六〇六"来,同志们喜出望外,赶忙找医生打开了溶解在蒸馏水里准备注射,然而,打开第一支,失效了,打开第二支,又失效了,还剩下最后一支,卫生科的医生看了看,摇摇头又包了起来。这个医生是自己人,既然他如此认为,大伙也就觉得没什么希望了,心里十分难过。谁知第二天,这个医生突然兴冲冲地跑出来:"有了!得救了!"

原来他把那支失效的"六〇六"拿回去,乘敌人不备来了个"偷梁换柱"。正是因这支调包来的"六〇六",朱韬才被从死神的身边拉了回来。如果没有"六月特支"和其一系列艰苦的工作,以及在如此艰难危险的情况下难友们所表现出来的团结友爱、同舟共济的精神,又一条无辜的生命会断送在敌人的集中营中。

正在朱韬病重之时,有人提前通知特支书记李振军快"毕业"了,也就是说要送他出去当劳工了。当看到同自己一块被捕而相依为命的朱韬、黄文等难友身体还没好时,李振军思索着,如果自己走了,他们将无人照顾,可能难以活着走出集中营;他们都是抗三团的骨干,如果能一块儿去东北当劳工,还可以增加斗争的领导力量。于是他通知特支领导和管理干部,把自己的"毕业"时间向后推迟,等朱韬和黄文能够走动了,李振军才和他们一块儿被送到阜新煤矿充作劳工。

战俘营中经常有成批的人被送出去当劳工,人多时几天

四、战俘营的特别支部

就有一批,每批通常两三百人,有时一批五百人。敌人往外送劳工,"六月特支"就趁机往敌人的后方"播火种"。当集中营里的局面打开以后,几乎每走一批人,"六月特支"事先就能知道名单,于是便赶在出发之前把其中的党员组织起来,根据党员多少成立起支部或小组,并布置任务,要求他们中途伺机组织逃跑。如果行动不便,则在到达目的地以后要尽快在群众中扎下根子,积极寻找地方党组织以取得联系,按照当时当地的具体条件开展斗争。并规定不论是谁回到根据地,都要向党报告集中营的情况,尤其是"六月特支"的情况,请党派人领导和给予指示。

大约一周后,朱韬能行走了,李振军便通过处理科安排他们几个人一块儿出营。8月25日,他们离开了石家庄战俘营,临走前把特支的工作交给了支委石岩。当时,正赶上战俘营往辽宁阜新煤矿输送劳工,两三个月的时间就送去了几千人。因为人多,日军安排了战俘专列从石家庄直接开往阜新。于是他们又被赶上了关押牲口及运送货物的闷罐车,开始了艰难的旅途生活。

既然播出了革命的火种,必然会燃起革命的烈火,"六月特支"分散到东北各煤矿后,先后成立"新邱特支""塞北支部""十月特支"等十余个党支部和党小组,在东北抚顺、本溪、阜新等地开展了斗争。震惊东北日伪军的"新邱暴动",就是由石家庄集中营"六月特支"的李振军、朱韬等党员们参与组织领导的劳工暴动。

五、阜新新邱暴动

1. 北上的闷罐车

1942年8月25日,又一批由被俘军民组成的劳工队,在日军刺刀的威逼下,离开石家庄战俘集中营,被押上北去的闷罐车。走在队伍最后边的是"六月特支"的两位负责人——李振军和朱韬。朱韬因大病初愈,体质很弱,上车显得有点吃力。"快点上!"押解的军警不耐烦地催逼着,李振军急忙把朱韬扶上去,自己也赶快爬上去。

"哐当"一声响,敌人关上了车厢门,接着"咔嗒"一声,又加上了一把大铁锁,车厢里的光线立刻暗了下来,只有车厢两旁的小天窗微微露出亮光。300个劳工挤在一节闷罐车里,环境就犹如一个大沙丁鱼罐头,密密麻麻,挤挤碰碰,很难找到一个立足之地。李振军扶着朱韬艰难地蹲在门口,"闪个道",从里面挤出一个粗眉大眼的黑脸汉子,说话瓮声瓮气的,大伙一见就闪开了:"刘队长,咱们这是上哪儿呀?"

"上阜新。"

"阜新?——远吧?"

"出山海关了",黑脸汉子说,"这年头反正远近都一样,到哪儿也是憋气!"说着朝门口挤过来。

"李满贵,胳臂好些了么?"

李满贵是朱韬被捕后的化名,除了抗三团的老人外,没有人知道他的姓名,也不知道他的真实职务,见队长向他问话,朱韬急忙答道:"好点啦,不碍事。"

看到朱韬连个坐处也没有,刘队长皱着眉头,愤愤地说:"他娘的,是牲口也不兴这么装法!"接着,他向两边摆了摆手,"大家伙儿再挤一挤。"难友们马上挪挪身子,又把腿往里蜷了蜷,腾出一块地方。

"李满贵,躺着吧!"

"不了,队长",朱韬为难起来,大伙儿都挤成这样,自己怎么能躺着呢?他刚想说些什么,刘队长却转身到别处去了。

队长走后,周围的人都用奇异的眼光打量着朱韬,似乎在说:"你们还有点儿交情哩!"

其实,朱韬以前并不认识这位刘队长,只是在队伍快出发时听人提起过,这个队的大队长叫刘贵,原是某分区的"模范连长",于今年春天被俘的,到集中营后被编在"干部班",这批劳工出发时,才担任了他们的最高指挥官。也许刘贵对朱韬等人在集中营的活动有所耳闻,所以对其"另眼相待"。倒腾出的一小块地方依然空着,大伙劝朱韬:"队长是一番好意,你就躺一会儿吧,瞧你的胳臂也真是遭罪呀!"

战俘营的"抗三"

提起这倒霉的胳臂,朱韬摇了摇头。他想起半个月前,自己害了场回归热,多亏同志们弄到一支"六〇六"给他及时打上,命算捡回来了,可是不知怎么回事胳膊又肿了,连衣袖都脱不下来,肩膀上就像坠了块大石头,搁在哪儿也觉着不得劲,稍微一动弹就扯得浑身痛,为了能早点离开这"阎王殿",找机会归队,他坚决要求随这一批战俘前往阜新。李振军原来想趁着上一批战俘外送时出所,为了能帮助和照顾这位患难的战友,才拖到这批出发。

盛情难却,朱韬只好谢了谢大伙,斜倚着车门坐了下来,余下的地方让大伙也伸伸腿。

列车颤动着,摇晃着,就像碾在每个人的心上,有的人在吸烟,有的人在聊天,多数人在沉默地思索着,他们想着自己和战友,想着在战俘营中遭受的折磨……但更多人在为自己的前途命运而担心。

车厢里渐渐闷热起来,盛夏的烈日晒得车厢的铁皮发烫,虽然敌人不给水喝,但人们还是热得直冒汗,300人散发的气味、汗味伴随着烟味和不断外溢的马桶里发出的尿臊味、恶臭味,车厢内的空气污浊不堪,令人难以忍受。朱韬想透一口气,便侧过身子扒在车厢干裂的板缝上,嘴对着板缝,眼睛望着车外,田野、树林、屋舍呼啸着向后飞去,离家乡、离根据地越来越远了,他的心头沉甸甸的,觉得很不是滋味。记得三个月前自己和战友在这一带活动时,高粱还刚齐膝盖,战士们急着盼它快点长,恨不得它一天就能长一尺,好跟敌人"捉迷藏"。而现在,高粱、玉米早已没过了

五、阜新新邱暴动

头顶,冀中大平原已经是"碧波万顷",自己却身陷囹圄,不能和战友们一起战斗……

李振军望着朱韬那凝思的神态,轻轻地问道:"青纱帐起来了吧?"

朱韬点点头,"是呀,外面还是咱们的天下,可是,我们……"他没有说完,李振军也知道他要说什么。

他俩都陷入默默地思索中,原来设想的"跳车计划"看来是无法实现了,只好到东北再见机行事了。

闷罐车走走停停,停停走走,第二天上午到达山海关,押送的日本军警把劳工们统统赶了下来,大伙儿带着简单的行李跳下车,深深地呼吸着大自然恩赐的新鲜空气。劳工们被刺刀棍棒强迫着集合站队,清点人数,一个一个地被审查,办理所谓的"出国"手续,因为再往前走便是所谓的"满洲国"了。

山海关警察署检查所要从劳工队里挑出三名劳工过堂审问,为了探听消息,李振军便让"六月特支"的一名党员黄文(化名王峰)同他人一同前往。黄文和马志保、唐文辉被敌人押到检查所,敌伪警察对照石门劳工教习所带来的个人履历卡片对其逐个进行审查,看口供与原来是否一致。由于没有查出破绽,便向黄文了解情况。

"你们这批人一共有多少?"

"大约是300吧!详细数目我们不清楚,请问带队人",黄文推托敷衍着。

"你们都是八路军?"

战俘营的"抗三"

"搞不清,日本人叫我们八路军。"

"你们里面有八路的干部吗?"

"我们大多是老百姓和少数士兵,听说干部都留在石门了。"其实黄文就是干部,而且是1936年参加革命的老红军,上过延安红军大学,在抗大二分校担任过中队长和主任军事教员,而他被俘后填的职务是理发员。敌人还向他们打听队伍里有无八路的秘密工作人员等,都被他们巧妙地应付过去了。

回到队伍里,黄文立刻把情况向李振军做了汇报,李振军和大伙分析了敌人的情况,并要求大家注意敌人的行动,注意保守秘密。

劳工队在山海关耽搁了几个小时,由"闷罐车"改换乘简易客车继续北上。

车厢两头有几个持枪的卫兵把守,劳工不得随意走动,上厕所要先报告,批准后才能去。由于戒备森严,跳车逃走的希望不大,大伙只好耐心地往前边走边等待着。

长城两侧,敌人制造了千里无人区。凭窗远眺,田园荒芜,蒿草丛生,偶尔闪过几个萧索的村落,也是墙倒垣塌,人迹罕见,没有一点生气。面对这满目疮痍、支离破碎的祖国,大伙的心里都难过极了。大好河山眼睁睁被敌人强行割走,然后糟蹋成这般模样,置身其中,一个真正的中国人怎能无动于衷呢?车厢里传出轻轻低吟的歌声:

"我的家在东北松花江上,

那里有森林煤矿,

五、阜新新邱暴动

还有那满山遍野的大豆高粱……"

歌声从车厢的一角飞出,它像一只无形的手,把难友们内心的怀念与渴望、悲痛与仇恨,一下子都牵动了,大家都情不自禁地跟着哼起来:

"哪年,哪月,

才能够回到我那可爱的故乡?

哪年,哪月,

才能够收回我那无尽的宝藏?

……"

突然,有个难友把头扎在膝盖里失声痛哭。

"别难过。"大伙儿安慰他。

他背过脸朝着窗外,过了好久才慢慢地停住了抽泣,衣袖已经被泪水浸湿了。"我是东北人啊",他无限感慨地说,"真没想到天天唱打回老家去,结果反倒给押回来了!"

"总有一天,我们会打回来的!"朱韬激动地安慰着这位东北难友。

2. 阜新八大矿

第三天下午,列车缓缓驶进了一条群山环抱的狭长的盆地,高压电缆和铁路轨道开始多起来。蒸汽机车冒着浓浓的黑烟拖着一串串煤斗来回吃力地爬行着,时时发出凄厉的嘶叫声。零零落落的矿工住宅,远远望去像一道道隆起的土坊,矮得几乎贴着地皮。天空里弥漫着浓烟白雾,黑压压,昏沉沉,四周看不到一点儿生气。列车由西向东穿过矿区,又走了三四十里才停下来。

站台上早已布满了赶来"欢迎"劳工们的日本人的"黑狗子",劳工们被驱赶着列队出站,前后左右都是明晃晃的刺刀"迎接"和"护送"。

这就是他们的目的地,也将是他们长期服役的所在地——阜新新邱煤矿。

阜新煤田是在19世纪初发现的。1892年,朝阳市人徐某,当时在朝阳市黑山沟煤矿当坑头长。一天,他路过新邱老君庙时,发现了附近穷棒子沟中被洪水冲刷出的露头煤。消息一传十,十传百,人们便开始悄悄地挖井采掘。随后,清朝政府、"京奉铁路局"先后插手阜新煤田的开采,到1913年,阜新已办起了50余座小煤窑。随着"探矿热"的高涨,阜新矿区的规模不断扩大,也引起了帝国主义的觊觎。1914年6月,日本大仓财阀"开山祖"男爵大仓喜八郎,派一名技师大日方依辅到阜新窥探煤田地质及经济情报,被了解内情的张凤仪开枪击毙,人民群众还提出了"不准外国人侵略矿山"的口号。大仓喜八郎竟以此为借口要挟北洋政府,企图获得新邱煤矿11个坑口的开采权。为了复辟帝制、投靠日本帝国主义,中华民国大总统、窃国大盗袁世凯对洋人卑躬屈膝,竟把新邱煤矿拱手相让。随后,中日合办的"大新""大兴"两个矿业合资公司在阜新设立。1905年日俄战争结束后,日本帝国主义设立的"南满铁道株式会社"(简称"满铁")夺得阜新煤矿开采权。1932年日本扶植的伪满洲国在东北成立后,日本帝国主义假借日

五、阜新新邱暴动

"满"合办名义,成立了"满洲炭矿公司",进而垄断了东北的煤炭开采权,阜新也在劫难逃。1936年,"满炭阜新矿业所"成立,下辖新邱、高德、太平、孙家湾、五龙、平安、城南、八道壕8个采炭所。为了解决矿工来源不足的问题,侵略者从华北战场押来了大批战俘(起名曰"特殊工人")到这里进行强制劳动。据后来的不完全统计,1941年曾从石门劳工教习所等地送来3批劳工836人,1942年仅从石门劳工教习所一地就送来了7批约1 700人。1941—1945年,从华北各地到阜新的劳工有数万人,而来自石家庄的就占1/3。我们眼前的这支劳工队,仅是这数十支劳工队的其中之一。

　　劳工队离开车站向住地走去。过路的矿工停下脚步看着这群劳工,劳工们也注视着上下班的矿工。

　　乍一看,这些矿工真是让人不寒而栗,一个个蓬头垢面,瘦骨嶙峋,身上披着麻袋片,腰上腿上缠了些破布条、旧草绳,浑身上下除了一双红眼睛、两排黄牙齿和脸上花白的汗道道,全是煤黑,走起路来摇摇晃晃的,就像几天没吃饭一样。

　　这难道就是矿工的生活,这难道就是自己未来的命运?劳工队伍里发出了阵阵窃窃私语声和叹息声。

　　他们往西走了一阵,来到一个叫下菜园子的地方,翻过中路基,就看到一片开阔的地方,当中有座院子,方圆不过四五百米。靠北面横着几排平房,在西南角上还有几间房子,此外便是一片光秃秃的空场子。院子四周埋着一人多高

战俘营的"抗三"

的大木头桩子，拉着电网，每个角上还有座岗楼。整个院子在两头各有扇大门，门柱子上用白粉写了副对联"王道乐土，采炭报国"。两个看门的"黑狗子"看见劳工队走过来，赶紧整了整衣襟，装模作样地站在两边。这里的矿山警备队都是一身黑色打扮，黑衣黑帽黑鞋，有的还生了副黑心肝，所以矿工们特地送了他们个"尊号"——黑狗子。

看到这情景，大伙的脸色都变了，步子也慢了下来。

"妈拉个巴子，快走！"黑狗子骂着，横起便是一枪托。

挨打的难友气极了，把膀子一横，横眉怒目地喊道："咱是来做工的，不是来坐牢的！"

这时，大伙也站住了，乱哄哄地一阵嚷："他娘的要什么威风？扯他的狗嘴！"

这家伙也许没见过这个场面，吓得直往后退，噼里啪啦地拽着枪栓。

"哥儿们，甭理他，咱们走吧。"朱韬急忙劝解着。

大伙狠狠地瞪了那个矿警一眼，这才转过身往里进，等队长刘贵从前边赶过来时，事情已经平息了。可那个黑狗子嘴里还是嘟嘟囔囔，刘贵把脸一沉说："嘴巴放干净点！"

"老子偏要骂，妈拉个巴子……"

刘贵一听就炸了，二话没说，叉开五指便赶将过去，李振军上前一把拽住，"刘队长，算了吧，犯不着跟他们使气儿！"

黑狗子一愣怔，听说他是队长，就没敢再吭声。

到了屋里，刘贵还是气鼓鼓的。

五、阜新新邱暴动

李振军便走过去劝道:"刘队长,咱们的劲儿要使在刀刃上!你想一想,刚才就算把他揍一顿,又能怎样?咱们新来乍到,遇事得沉住气,往后的日子还长着哩!"

劳工们的住房是靠东北角的一溜平房。房子倒挺大,面对面的两铺通炕有十几米长,可是按班一分,每人摊上的面积就少得可怜,侧着身子勉强能够躺下,两铺炕当中也只能走过一两个人。屋里到处都湿漉漉的,抬头一看,房顶有好些个窟窿,显然是前两天漏了雨所致,有的地方一压还直冒水。几块破席子扯到东便露着西,想垫也垫不满。南北两面的窗户找不到一个好的,不是没了框便是碎了玻璃,好在刚入秋,四面透风还不碍事,而寒冬到来,日子就难过了。

大伙一进屋就骂开了:"什么煤矿?简直是地狱!"

"说得好听,特殊工人?!"

"这回算到了头了,和阎王爷就隔着层窗户纸了!"

早先,有些难友还以为下煤窑虽说累点,但好赖是个工人,总比在集中营里不死不活的强,可眼下一看这情景,刺刀、电网、奴隶般的生活……和监狱丝毫没有两样,顿时便喧腾了起来。有的人气得怒气直冒,把墙捣得"咚咚"响,有的人拧着脖子不住地唉声叹气,也有的人坐在一边想心事,闷着头一声不吭。

李振军正领着几个难友拾掇房子,窗户上、墙旮旯里的蜘蛛网,都被他用笤帚掸了下来,连同炕上的碎草末轻轻地扫成一堆,再慢慢推到炕脚下。他弓着腰低着头,干得很认真,似乎周围的喧嚣并未引起他的注意。其实,难友们的每一句话他都没有放过，打进屋起，他就感到大伙的不安和冲动了。不过他需要保持冷静，透过人们感情上的每一个起伏去捕捉群众思想跳动的脉搏，从而对当前的形势做出正确的估计。

3."新邱特支"的诞生

忙碌了一下午，"家"总算安下了。

鉴于难友们的思想情绪波动很大，晚饭的时候，李振军、朱韬和老赵（化名戴绪书）找了一个墙角，一边啃着窝头，一边举行了到达矿山后的第一次支委会。

原来，他们这个支部是在石家庄组队时，由"六月特支"集体研究决定临时组成的。支部书记由原"六月特支"的书记李振军担任，宣传委员为朱韬，组织委员是原冀中警备旅司令部的政治指导员，人们只记得他姓赵，化名戴绪书，个头不高，身板瘦弱，但一对黑乌乌的大眼睛看起来总是那么明亮、精神，因为他原籍湖北，平时大伙喊他"湖北佬"。支部里的党员还有崔溯源、黄文、阎锐、张忠治、齐文义等十几名。

支委会把党的组织正式命名为"新邱特支"，然后就当前的形势简单地交换了一下意见，确定了总的工作方针仍然是教育群众、团结应敌、积蓄力量、等待时机。老赵谈了大家的一些想法。李振军举着窝窝头说道："我们刚到这里，还水土不服，但现在的'气温'太高了，想着一口吃掉这个窝窝头，那非坏事不可！"

五、阜新新邱暴动

朱韬也接着说:"窝窝头我们能够吃掉,可是,得一口一口地吃呀!"

饭吃完了,支委会议也结束了。会议明确了眼前的首要任务,一是稳定群众的情绪,一是积极了解周围的情况,摸清情况,再确定下一步行动。

就在这个院子里还关着另一批劳工,他们每天一大早就被"黑狗子"带走了,直到太阳落山才疲惫不堪地给押回来。他们跟车站见到的劳工一样蓬头垢面,衣衫褴褛,三分像人七分像鬼。朱韬等人想找他们拉拉话,打探点情况,可他们下了班天就黑了,而一黑天,"黑狗子"就钻了出来,里里外外地放着哨,大伙只好各回各的屋。因此,来了住地一天多始终没能搭上话。

这天下午,大伙正在屋里聊天,张忠治突然从外面扑了进来,"不好了,黑狗子把人打坏了!"

"谁?"

"是个劳工。"

张忠治话没落地,人们便一股风地往外涌。

刚出门,就听见右边传来一阵阵的惨叫,有个人在恶狠狠地骂道:"臭窑黑子,不给点厉害不知道马王爷有三只眼!老子告诉你,再想跑,先去打听打听,看是你脑瓜子硬,还是老子的镐把子硬?"

人们走过去,只见原来那批劳工的住房门前,一个把头正在殴打劳工。这个劳工身上上了绑,被打得躺在地上不能动弹,衣服扯得稀烂,脸上、腿上满是青一块紫一块的伤痕。贼眉鼠眼的把头手里提着矿山上常见的"镐把",袒胸露怀,一脸凶相。看见一下子涌来这么多人,他不由得愣了一下。

"不准打人,把镐头放下!"有人喊道。

这个把头用眼角向四周瞄了一下,故意歪着脖子怪声怪气地说:"我当是谁呢?他娘的狗拿耗子——多管闲事。"

"放下!""放下!"

……

人们被激怒了,乱哄哄地嚷了起来。这时,人群中闪出一个难友,看年纪三十五六岁,长得膀阔腰粗,说话声很大,往那儿一站,又矫健又稳重,活像一尊青铜铸成的罗汉。他三步两步跨到跟前,双手把腰一叉,说道:

"这是干啥?打死人不偿命咋的?"

"偿命?老子没听说过!"

这家伙嘴还挺硬。有人憋不住了,对那个难友喊道:"老王,揍这个兔崽子!"老王没作声,却睁圆了眼睛,一步一步逼了过去。周围的空气顿时紧张起来。

"你……你干什么?造反啦!"

老王喝道:"少废话!快点放下!"

这家伙看老王越走越近,赶忙退了几步,连声嚷道:"你站住!你站住!老子的镐把可没长眼珠子!"说着,把镐把拦腰一横,摆出一副要打架的架势。

老王看好说不行,不由得怒火中烧,一把扯开怀襟,也紧跟着逼了过去。

五、阜新新邱暴动

"好小子！有种来吧！咱今儿倒要领教领教。"

这种人平时对劳工欺压惯了，自以为在这里可以为所欲为，只要抖出点威风便能骑到人的脖子上，谁知今天完全没见效。也许在他看来，一个阶下囚居然敢拍着胸脯向他喊"领教"，岂不是反了！于是他退着退着，突然瞅个冷不防，抡起镐就向老王劈了过来。有人急喊："老王，快闪开！"只见老王微微侧了侧身子，轻轻把手一扬，迎面飞来的镐把便从老王身边出溜了开去。这家伙见没打着，想抽回来再来第二下，说时迟那时快，镐把已经被老王稳稳抓到手里，那把头一看慌了手脚，立时用两条胳膊死抢着镐把就往后拽。

老王恨透了这小子，为了杀杀他的威风，叫他当众出出丑，于是一手叉腰，一手攥着镐把就是不放手，而且脸不变色气不喘，两腿像长了根一样。

那家伙看自己的两条胳膊还顶不上老王的一只手，心里发起慌了，索性两腿一蹬，屁股往后一撅，把全身的力气都运了上来。就在这当儿，老王猛地一撒手，大喝一声："去你娘的！"

只听得"咕——咚"！那家伙摔了个四脚朝天，连人带镐把一气滚出了五六步远。在场的人都哄然大笑，乐得直跺脚。

那把头挣扎了半天，才爬了起来，一身雪白的洋布褂裤也蹭了不少泥，脸上也青了好几块，气得两眼发直，嘴皮子上下直哆嗦。他二话没说，拣起镐把就向老王奔了过来。这时，老王背后又跳出两个难友，一是张忠治，一是老王的兄弟。两个人一左一右,抽出胳膊照着把头的脑门上"当当"就是几拳头。那家伙晃了几晃,"吧嗒"一声,被打趴下了。

这一来,大伙更来了劲,七嘴八舌地喊:"揍啊,往死里揍!"

因为胳膊肿疼而出来较晚的朱韬,看到这个情况,心想:不好,教训他一顿也就可以了,真要打死人了,群众反倒会吃亏的。便走上前劝大伙忍口气,然后警告那家伙说:"今天饶了你这条狗命,往后再要横行霸道,闯到我们手里定要揪下你的脑袋。"

那把头一向作威作福惯了,这一顿滋味恐怕还是头一遭领教。他看周围的人都在咬牙切齿地怒视着他,有的还在撸胳膊挽袖子跃跃欲试,心中又气又恼,待想撒野又觉得众怒难犯,捞不到便宜,只好自认倒霉,双手捂着脸,连镐把也不要了,像条落水狗似的夹着尾巴顺人缝里钻了出去溜走了。

这时,那个挨打的劳工已被大伙解开了绳子抬到屋里,有人还凑合出了两件衣服替他换上。大伙问他出了什么事,他只是不住地落泪,最后说:"你们好心救了咱这一次,可救不了下一次呀!"大伙安慰他:"不要紧,咱们心眼儿齐,就不含糊他。"

4. 矿工的血泪史

这天晚上,大伙正在屋里议论纷纷,忽见窗外人影一闪,一阵急促的脚步声贴着墙根跑过,接着门"吱呀"一声

五、阜新新邱暴动

开了，几个黑黝黝的大汉一下子出现在石门劳工队的门口。只见领头的一脚跨了进来，双拳一抱，转圈拱了拱手，说道："诸位大哥，有劳了！为咱穷哥们舍生忘死，英雄义气，咱们没啥可报答的，就在这儿向诸位大哥道谢了！"

这时，人们才明白过来怎么回事。老王、朱韬等人急忙迎上去，腾出一块地方请他们坐下。难友们听说他们是那批劳工派来的代表，也都围了过来。大伙就像见到亲人一样，从矿山的历史说到矿工的现在。

矿山有句口头语：人间地狱十八层，十八层下是矿工。新邱是阜新最老的矿，矿越老，血泪也就越多。在清朝当权时，首先发现煤炭的穷棒子沟就流传着一首打油诗：有女不嫁穷棒子沟，常年喝不上舒心粥，冬天穿不上遮衣袄，十年倒要九年愁。

九一八事变后，煤矿沦入日寇之手，矿工的命运就更加悲惨了。在这里，中国人不能说自己是"中国人"，要说自己是"满洲人"。一个工人因拒绝说"满洲人"而被打得鼻青脸肿。工人受着多方压迫，除日本侵略者外，还有伪满的大把头、小把头、把头先生、代理把头、催班先生、坑长等，这些人可以任意欺压和打骂矿工。当时，西方资本主义国家已经实行8小时工作制，而日本侵略者却让中国的煤矿工人实行两班倒12小时工作制，再加上上下井的准备时间，每天的工作时间长达十四五个小时。井下采煤开始是马拉车、人驾驶，后来日本人觉得不合算，死一匹马价值300多元，而死一个中国人最多给120元抚恤金，于是他们以人推

战俘营的"抗三"

车代替马拉车,还说什么"两条腿的马不好找,两条腿的中国人有的是"。工人劳累过度、营养不良,时常发生疾病,不仅得不到治疗,还得带着重病下井,甚至人还没死就被送进死人仓库等死。矿工们气愤地说:"死人仓库万人坑,人还没死往里扔,煤黑子死了不用埋,野狗肚子是棺材。"

矿工们你一言我一语地介绍着,领头的人悲愤地说道:"咱们都是打热河、凌源、建昌给抓来的劳工,要问咱受的苦,三天三夜也说不完!"

"远的不说了,就说咱自个儿经过的事吧。咱们分在东一坑大掌子采煤,这个掌子先前冒过一次顶,砸坏了20多人,眼瞅着危险也得往里去。有一天咱们下到洞子里,发现鬼子比往常多得多,叽叽哇哇的好像有什么事,接着又发现新安了几道风门,风门口板子、砖头、黄泥码了一大堆。咱

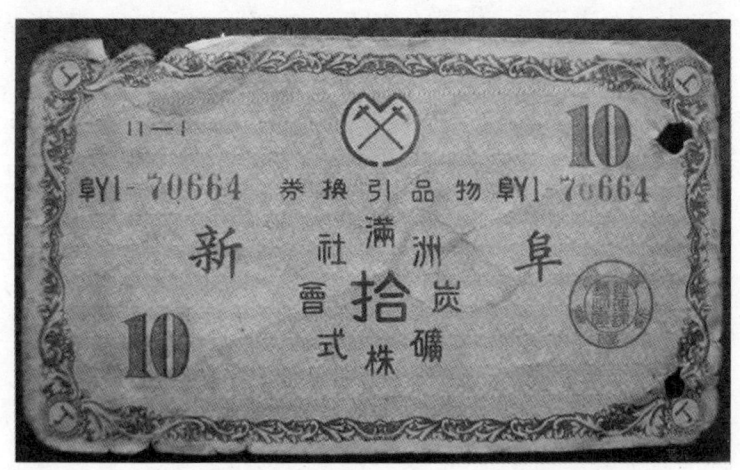

图13 日伪阜新炭矿发给劳工的"物品引换券"(李秉刚提供)

五、阜新新邱暴动

们都觉得势头不对,这不是明显要堵门吗!待进到掌子里,人还没干活就热得直冒汗,咱心里想:糟了,今儿这一关怕是过不去了。果不其然,说着说着,事就来了,是瓦斯爆炸了!大伙看洞里'呼'地一下着了火,撂下镐头就往外跑,等跑到风门口,你们猜鬼子怎么着?"

他说到这儿突然停住了,重重地喘了口气。

"咋了?"性急的难友追问道。

"咋了?鬼子还能好了!他们见我们跑出来了,非但没叫快跑,反倒一边忙着堵门,一边把人往洞子里推,逼着大伙回去给他们搬机器。"

"什么?这不是往里送死吗?"老王把大腿一拍,激愤地说:"他娘的,跟他们拼呀!"

"是呀,死到临头了也就豁出去了。这时候不知谁喊了一声'要命的跟我上'!这一声喊,跑在头里的人便一股风朝门口卷了过去,咱心一横,抱了一块石头也冲了上去,大伙立时像潮水一样可劲儿往外涌……"

"好样的!有种!"老王竖起大拇指,连声地说。

"可是,鬼子一看堵不住了,机器全得扔了,就冲洞子里开了枪……"他哽咽起来。听到这里,老王一拳捶在炕上,咬牙切齿地说:"这帮兔崽子好毒啊!"

"唉!最后咱们总算冲出来一些,可是回来一点数,少了好几个难友,除了当场打死的,全给活活地堵在洞子里啦!"说到这儿,那个领头的矿工又哽咽了。

"难道这就算了?"一个难友插话。

战俘营的"抗三"

"刀把子攥在人家手里，不算了又能咋的！第二天还得照常被押着上班，可咱心里窝火呀！咱们想，好吧，上班是上班，明面上咱也不说啥，暗地里咱也想法调理他。比方鬼子来了，咱就糊弄一气，鬼子一走咱就唠嗑。大伙说这叫作：糊弄鬼，糊弄鬼，糊弄一会是一会；磨洋工，磨洋工，上趟厕所两点钟。"

"那干吗不跑？"一个难友问道。

"跑？转圈有电网，上下班有'保镖'，往哪跑？后晌挨打的那位兄弟就是没跑成了给抓回来的。他昨儿在高粱地里猫了一夜，今早上一露脸，就被黑狗子盯上了，看他穿得破破烂烂的，不问青红皂白就捆了起来。要不仗着你们，这会儿早就没命啦！"

他停了停，又关照石门劳工队队员说："矿上不比别处，这帮小子心毒得狠那，你们新来乍到，有些事还不太明白，往后得多加小心，好汉不吃眼前亏呵……"这两天大伙的情绪本来就容易激动，听了这位矿工的一席话，人家的心又被搅动了。每个人的心里都清楚地意识到，等待自己的将是一条怎样的道路。

朱韬、老王等刚把几个客人送走，队长刘贵就进来了。刘贵是队干部，没住在这个大屋里，但每天熄灯以前，他都要来转一趟的，这里看看，那里问问，再讲一点人们不大知道的新闻。大伙对这位队长也没什么避讳，把他看成自己人，见着面有啥说啥，因此他每晚来总要坐下来和大家唠扯一阵子。可是今天他却一直紧绷着脸，进屋后左右张望张

五、阜新新邱暴动

望,屁股没挨着炕就转身走了。李振军和朱韬觉得不大对劲,两人对视了一下,跟着也走出去。

"刘队长,今儿心情不好呵!"朱韬试探着。

刘贵回头望望,脚步慢了下来。

"是遇到不顺心的事了?"李振军也关切地问着。

刘贵站住愤慨地说:"搁上俺的脾气,非劈了这些王八羔子不可!"

"怎么啦?"朱韬故作惊讶地问。

"哼!别提了。"他还是愤愤地说:"一提俺就一肚子气,反正不答应俺的要求,俺就不上工!"

原来是上工的事。昨天,矿上把刘贵找去,命令让这批新到的战俘马上上工。刘贵回来后和六个班的班长一合计,大家一致认为:使牲口还得先喂料哩,没那么痛快,歇几天再说!今天日方找刘贵索要回话,刘贵就提出两个要求,一个是发工作服和水袜子(注:雨靴),一个是三餐饭要管饱。日本人听了,假惺惺地说:"这些小事好办,大家先上工,东西随后就发,吃饭么,只要煤出得多也不成问题。"刘贵知道这是糊弄,坚持先解决问题然后上工。日本人对工人欺压惯了,哪听说过这等事,吹胡子瞪眼地把刘贵训了一顿,并威胁道:"三天之内必须上工,否则唯你是问,至于东西,哪会儿有哪会儿再发。"刘贵是个急脾气硬性子的人,对日本人的这一套根本不买账,也强硬地回答:"这是俺们大家的要求,哪会儿发了哪会儿上工!"最后,日本人为了笼络人心,答应先发一部分东西,上工后每人再加两个馒头,并

战俘营的"抗三"

口口声声表示这是对这批"特殊工人"的"特殊优待"。

"这么说,过两天就要上工了?"朱韬问道。

刘贵:"明儿先派人领东西,领齐了咱就上,领不齐俺就跟他杠上了!"

李振军和朱韬把下午和晚上的事向刘贵说了一遍,刘贵听了更是火上浇油,把胸脯一拍,说道:"再有事找俺!这些个王八羔子,撞在俺手里定要敲断他们的狗腿!"

刘贵的好心是对的,可他的急躁莽撞也让这两位大他几岁的特支负责人担心,急忙劝道:"刘队长,有些事看在眼里记在心上,可不能太着急呀……"

5. 电狗示众

过了两天,从石家庄来的这批特殊工人还没上工。头一天出去领东西没领来,刘贵就发火了。第二天咋说他也不派人了,要日本人亲自给送来。"六月特支"委员一合计,觉着犯不着硬碰硬,原本就不输这个理,所以人还是要照派,而领不来就更有理了,一直拖到晌午才又每班派了一个人出去。

两天来,三百颗心都在思索着一个问题:到底该怎么办?是就这样忍气吞声地做奴隶吗?……其实答案早已在人们心里酝酿着了:走,逃出这座人间地狱。但想归想,真要实行起来谈何容易!四面的敌人看守得这么严,怎么个走法?即使出去了,又到哪儿安身?……大伙的心情很焦躁,有人成天在屋里踱来踱去,也有人围着房子转圈圈。特支书

五、阜新新邱暴动

记李振军这几天两头忙,一头要做刘贵的工作,一头要找党员群众谈话做工作。朱韬的胳膊仍然肿得很厉害,多数时间还是待在屋里和大家谈谈心。

这天下午,老王突然凑过来问朱韬:"打这儿到凌源、建昌有多远?"

"许有个四五百里地。"

老王听后掰着手指头算了半天,自言自语地:"四五百里地,不远,顶多十天半个月,就是爬也爬到了!"

"打算走?"

"你说咱?"朱韬的话使老王一愣怔,他抬眼望望周围无人,沉吟了片刻,方才说:"是呀,是得走,这口气谁个受得了?"

"你们哥俩合计了没有?"

老王的兄弟刚 20 多岁,比老王小 10 多岁,可长得挺结实,膀宽腰圆,论个子比老王高出半个头。他在地区队参军时,于掩护主力部队转移时负伤被俘,在战俘营里哥俩儿巧合地相遇。这哥俩儿都是一点就炸的火暴脾气,可今天朱韬问起出逃的事,老王出乎意料地竟不作声了。朱韬不免有些惶惑了,在劳工队里议论走不走、单个走还是结伴走,已经不是什么秘密,何况像老王这种心直口快、肚子里存不了一点事的人,更不至于躲躲闪闪怕人知道。于是朱韬又问了一遍。

老王还是没有回答,反倒偏过头,把身子挪到窗口,专注地在望着什么。突然,他没头没脑地问:"这啥时候了?"

战俘营的"抗三"

朱韬确实有点茫然，不理解他是什么意思。天阴沉沉的，扬起阵阵黄沙和煤灰，更显得灰暗、冷漠。要是天晴，太阳该要落山了。朱韬不解地答道："你瞧，黑下来了，快开饭了吧。"

"真的？"老王问得挺认真。

"许差不多。"朱韬像掉在迷魂阵里，"老王，你咋啦？"

"等一等，别吭声，你听这是啥声？"

果然，一阵吵闹声自远而近，他俩不约而同地都把脸转了过去。电网外，通向矿区的大道上来了一帮人，估摸有十多个，正指手画脚地朝这儿走来。老王一看，从炕上"霍"地蹦了起来，身子歪了歪，"哧溜"一声就从窗口窜了出去。

"干啥去？"朱韬一把将他拽住。

"我看里面有咱们的人没有？"老王神色紧张，出气也变粗了。

这时，那帮人已经走近了，正要进院子。领头的是个日本军官，腰上还挎着马刀，跟在后面的有宪兵，有"黑狗子"，也有穿便衣的，一路"吱吱哇哇"，气势汹汹。

老王看清后，喊道："没有，没有咱们的人！这就妥啦！咳，好样的，都是好样的！"他变得兴奋极了，眉头舒展了，刚才的烦恼、愁苦全不见了，竟纵情地笑了起来，"这帮蠢货，一个也没抓住，全跑啦！叫他们全跑啦！"

"你说谁跑了？"朱韬不解地问道。

"咱家老二。"老王挤挤眼，压低了嗓门，"整六个，一个不少。不瞒你说，今儿晌午他们六个人去领东西，咱就嘱

五、阜新新邱暴动

咐了,这可是个好机会呀,逮住了就别放过,年轻人怕什么,一两个黑狗子好拾掇。咱又对老二说,你是握过枪杆的,遇事要当头顶住,给大伙拿个主意,出了阜新地界就一直奔西,上热河找咱们的游击队……你看,到这时他们还没回来,准是跑成功啦!"

吵嚷声越来越近,日本兵向石家庄劳工队的方向扑了过来。

老王摸了摸下颌,风趣地说:"这马后炮倒是放得怪神气咧!"

敌人的宪兵、矿警和"老虎系"(劳务系)的大小头目都"光临"了。劳工队的特殊工人也被统统集合起来,先是"训话",继而威逼,追问逃跑的六个人是谁指使的,有谁知情不报?……闹腾了个把钟头,最后又把队长刘贵、副队长崔溯源带走了,他们回来的时候大概已经夜里一点多了。这一夜大伙几乎没有睡着,又高兴又担心,生怕脱出虎口的难友又重陷敌手。

第二天早上,天没大亮,有个难友起来解手,出门不大会儿,突然传来一声惊叫:"啊!这是啥?"

大伙忙爬起来到屋外一看,离他们住房20米的电网上,贴着一条黑乎乎的东西,朦胧中看去,连头带尾有一米多长,浑身的毛都烧焦了。

"是狗!"

"还是条狼狗!"

走近仔细瞧瞧,果然不是一般的狗。

战俘营的"抗三"

这是哪来的呢?要说是狗自己误触了电网,它应该会死在电网下面,不可能在触电后又蹦到电网上面去;要说是有人有意赶上去或扔上去的,那究竟为了什么呢?这又是谁干的呢?……问题是如此明显,以至于人们看到它几乎不用费什么思索,就能立刻做出正确的回答。只要把最近几天发生的事,尤其是昨天夜晚的事,和那幅"一人犯罪,众人受累;一人逃跑,全班坐牢"的标语联系起来,答案就十分明白了。

电狗示众。

"这是给咱送个信,看样子,鬼子快要下毒手了。"有人说。

"他娘的,这不是杀鸡给猴看吗?"有人又说。

是的,这的确是个异乎寻常的"警告"。但事情的发展和敌人的愿望恰恰相反,这种荒唐的"示众"非但没有把人们愤慨的情绪压下去,反倒点燃了人们心中的仇恨火焰,群情一激立刻就会爆发。

"鬼子到底想干什么?"

"这咱就说不上了,反正没个好,这一回怕是到了头了。"

"别净说丧气话!大不了把咱脑瓜子挪个地方,哼!到时候,它也别想着占便宜!"

"依着咱说,眼下还不至于咋的,鬼子是看咱不好对付,想找个碴儿来个下马威,只要咱们齐心顶住,把火气先往肚里搁一搁,事儿也许就过去了。"

五、阜新新邱暴动

"难说呀!就算过了这一关,可下一关……"

正说着,有个班长打队部回来了。他告诉大家,昨儿夜里鬼子把刘队长好一顿"熊",限他三天之内交出煽动逃跑和领头闹事的人。刘队长当场就和鬼子理论,还差一点给扣了起来,这会儿正在屋里犯愁哩……

这一说,屋子里顿时乱了。

"交人?哼,办不到!咱中国人没这个规矩!"

"咱就不交,看他能咋的?"

"天塌了,咱们大家伙顶着!"

一片愤怒的喊声中,似乎已经闻到了一股浓烈的火药味。

"事到临头得拿个主意,咱有句话不知中不中听",老王从容不迫地说道。看来,他心里早有了盘算。他停了停,又接着说:"瞧这架势,咱们是待不下去了,早晚得死在鬼子手里。跑,是个道,可咋跑?一个个地跑不是个事,别说不易跑脱,就算跑脱了,大家伙儿也得跟着受累。"

"是呀,你的主意?"老王的话正说到大伙心上,有人性急地问。

"要依俺说",老王攥起右拳猛地砸在左掌上,"炸狱!砸开大门打出去!咱要说的就是这个主意,大伙看行的话,咱姓王的一马当先,腿要打点颤就不是娘养的!"他后面说出的话已经听不太清了,早被人们激昂而纷乱的喊声淹没了。

"说的对!人急造反,咱这叫死里求生!就是死,也要死个痛快！死个硬气！"

"咱们不能伸着脖子等死！"

"咱们要活。"

……

几乎在同一个时候，隔壁劳工的房里也乱哄哄的，最后的结论都是一个："打出去！"

6．何去何从？

"形势变了，我们要马上表示态度！"李振军从队部急匆匆跑回来，对朱韬和老赵劈头说道。

是支持呢，还是反对呢？他们清楚，当前面临的抉择将直接关系到全队 300 人的命运，任何微小的错误都会给党和群众带来无可挽回的损失。

特支委员会仔细地研究了暴动的各方面条件，认为比较有利的条件是群众基础好，大家都是从根据地来的，受过些党的教育，对于 90% 的人来说，坚决跟日本人对着干是没有问题的。但困难的是大家手无寸铁，缺乏信息，和外界没有联系，出去以后奔向哪里、如何生根也没有底，这么多人一起行动，势必不好隐蔽，会遭到敌人的层层封锁堵击。此外还有个领导方面的问题，党的力量还比较薄弱，党员加上可以掌握的积极分子不过占 1/10。离开石家庄时，支部曾有意识地在每个班分配了两三个党员，并争取了一部分行政领导职务，党员崔溯源担任了副队长，阎锐、王志光担任了班长，李振军、黄文担任了副班长、小组长。但由于才来几

五、阜新新邱暴动

天,党的活动刚刚展开,主要行政权又没抓到手里,因此在重大问题上,支委还不能起决定性作用。

最后,支委的意见比较一致:暴动条件尚不具备,应该保存力量等待时机,在这种情况下贸然行动显然是危险的、不符合策略的,并决定说服教育群众做暂时的、必要的忍耐。

刚合计完,刘贵便通知各班正副班长马上到队部开会。

李振军急忙站起来道:"就这样吧,我去开会,你们赶紧布置下去,让党员们抓紧时间找群众做工作。"

"好,事不宜迟,我们分头行动吧!"朱韬和老赵也站起身来。

形势发展得真快,不论走到哪个角落都是一片热情。朱韬和老赵把支部的决议传达给党员们,大伙分头开始了工作。朱韬首先找来代表性的老王聊天,与其苦口婆心地探讨利弊,总算把老王的思想说动了。然而,总的谈话效果并不佳,说服工作进展得非常吃力,主张暴动的人数在全队仍占很大优势,更难解决的是刘贵等领导的思想问题。

这时,队部的会议正在进行着,人们的心情都像拉开的弓弦,绷得紧紧的。门口放哨的已经换了一班,可还是没有一个人出来。

两铺的中间摆了张办公桌,大家围坐在桌旁,南北两扇窗户全关死了,满屋子雾腾腾的烟草味。

刘贵两手叉腰,在屋里来回走着,走过来又走过去。会开了两个钟头,他总共没说上几句话。班长们轮流谈了同各班成员传达会议精神的情况,他似乎在听,似乎又在想别的。

根据"特支"的决议,李振军把暴动的主客观条件对众人做了详细分析,说道:"在这种情况下贸然行动,显然是不合适的。在座的大部分是从军队上来的,都懂得'知己知彼,百战百胜'的道理,赤膊上阵打莽撞仗没有不吃亏的。我们对敌人不能含糊,要斗争,但怎么斗争,采用什么形式,还应该看条件看时机……"

虽然问题还没有最后决定,刘贵也还没有表示态度,但大家的情绪很激动,与会的14人当中,主张马上动手的已经有9个,除刘贵外,赞成暴动与不赞成暴动的比例是9:4,形势十分不利。李振军虽然是"特支"书记,但因支部是秘密的组织,群众(包括刘贵等干部)都不知道,而且威信还没有建立,大家仅拿他当副班长对待,所以他的话几次被人打断。但是,李振军坚信真理在党的一方,他极力克制住自己的感情,仍然心平气和地讲下去:"不错,暴动是人伙的要求,这几天看到的听到的也确实令人气愤,大伙憋不住这口气,想跟鬼子拼一场,这种心情是可以理解的。但我们当干部的应该站得高一些,看得远一些,多给大伙做些说服工作。"

"说服?你去说说看!"有个愣头青把嘴一撇,很不以为然。

李振军还是不动声色地说:"我们要首先说服自己,我们自己拿得正,大伙的思想是可以说通的。"

五、阜新新邱暴动

"好吧,就算你是正理,可眼前鬼子就要人,咱们能把自己人往外交?"对方又提了新问题。

"当然不能交!"李振军坚决地说:"大家看得很清楚,鬼子这是找个借口想给我们来个下马威,他以为这一下我们该老实了,再没人敢跑了,会乖乖儿地给他干活了。大家都想一想,这能吓唬到谁?"

这时候,有人开始动摇了,窃窃私语起来。

"可不,能吓唬谁呢?"

"对,谁也吓唬不了。要人,人是自个儿跑的,咱们交什么,他们有本事自己去捉回来。至于说交出煽动的人,是哪个班跑的就把哪个班统统抓起来,那正巧,昨天跑的六个人正好一个班一个,要抓,我们都去。不过依我看,至少在目前敌人是不会这样做的,他们需要劳动力,这也正是他们致命的弱点。"

"都是你的理,可往后鬼子能不找碴儿?"对方已经无言可对了,但还是不认输。

"碴儿总是要找的,那就不是眼前的事了。敌人天天都在找茬,只要我们团结起来,找碴儿又怕什么!"

"你们俩还有完没完?"一个瘦弱的汉子突然打断李振军的话,不耐烦地嚷了起来,"干脆一句话,是干,还是不干,别穷磨舌头!"

特支党员、副队长崔溯源赶忙站起来,向那人摆了摆手,"别发急,事关重大,两方面的意见还是都说说的好。"

"咱可没有那份闲心思,谁有,谁下去慢慢磨!"瘦汉

战俘营的"抗三"

子转身向着刘贵,"队长,你说吧!你咋说咱们咋干!"

又有人也跟着喊起来:"对!听队长的……"大家都不约而同地把脸转向刘贵。

刘贵两眼发直,猛咬着嘴唇,还是闷声不响。李振军知道,这种反常的沉默往往是感情暴发的信号,一旦感情占据了上风,那就会像河堤决了口一样,再堵就难了。他缓缓说道:"刘队长,你有胆量,敢斗争,在敌人面前没装过孬,这是非常可贵的,大家也都很敬重你。但是,作为一个领导者,应该高瞻远瞩,有勇有谋,请你权衡利弊,三思而行!"

崔溯源也接着说:"这个意见是有道理的,我们要慎重考虑……"

"还考虑什么?"没等崔溯源说完,刘贵就挥起拳头,"当"的一声捶在桌子上,把茶碗都震翻了。

李振军原以为在这种情况下,即使刘贵主张要暴动,也不至于过早地做出结论,那么还有争取的可能性,没想到他竟如此粗暴。他的胸口一热,也"霍"地站起来了,对刘贵严肃地说:"刘队长,你是个八路军的干部,应该冷静一些,在这紧要关头,绝不能感情用事!"

"难道俺想把大伙往绝路上带?"

李振军坚定地说:"虽然不是条绝路,但也不是一条最好的路!"

主张暴动的人一看刘贵是这样的态度,也火借风势,七喊八叫了起来。

"嚷什么",刘贵厉声喊道,"绝路也好,活路也好,反

五、阜新新邱暴动

正就这么定了！愿干的跟俺走，不愿干的闪开道！"他环顾了一下四周，最后把眼光停在李振军身上，"你们一向很过硬，俺打心眼里佩服你们，干吗到了节骨眼上反倒软啦？"

"你想错了，这不是谁软谁硬的问题！"李振军理直气壮地说："一个革命者，应该像松树一样坚定，像柳树一样灵活。刘队长，我希望你在这节骨眼上好好想一想。"

然而，刘贵已经什么话也听不进去了。他把脸一沉，冷冷地说："既然这样，也好，打现在起你就留队当文书，副班长再另外找个人。"

……

会议整整开了一上午，大伙早就等急了，有人三番五次地到队部找放哨的打探消息。将近晌午，门口一阵骚乱，开会的班长回来了。大伙一见，呼啦围了上去，屋里顿时像开了锅一样。

"妥了，定下了！"

"咱早说过，队长准会点头！"

朱韬一听就急了，忙去找李振军，一出门就碰上急切而焦虑的老赵，便一块儿向队部走去。赶巧李振军和崔溯源正从屋里出来，李振军看见朱韬和老赵，马上迎上前来："你们俩来得正好，到屋里说。"

屋里空空的，刘贵和其他班长都走了，只有隔壁不时传来一阵阵嘈杂的喧闹。李振军向大伙介绍了会议的情况，并提出打算让崔溯源再找刘贵谈一次，看看还有无一线希望。他说得很快，声音有些沙哑，看来刚才的讨论进行得很艰

战俘营的"抗三"

难。屋里出现了许久的沉默,几个人谁都没说话,许多往事,远的、近的,都像涨潮一样涌上了心头。

朱韬想起了当年在自己的母校——保定第二师范的斗争经历。当时,保定二师具有革命的光荣传统,曾有保定"小苏区"之称,为了反抗蒋家王朝的白色恐怖,1932 年 7 月它在党的领导下,展开了一场轰轰烈烈的武装护校运动,凭着几十个热血青年的满腔热情和棍棒砖石,与一千多名全副武装的反动军警隔墙对峙。那时候他才入党不久,政治上还很幼稚,最后失败被捕,算起来离现在才十个年头。虽然形势变了,环境变了,人也变了,但当时的情景都历历在目,而奇怪的是,和眼前的现实竟如此相似,他不禁有些困惑了。究竟该如何对暴动的时机进行估计呢?难道我们的想法错了?……不,以往的经历告诉他,"特支"的分析是正确的。然而,怎样才能把主观愿望和客观形势统一起来呢?

李振军几次站起来想说什么,但几次又都坐了下来。他似乎突然间瘦了很多,眼窝也凹了进去。在这个战斗核心里,眼下他的担子最重。这几天,他整夜整夜地睡不着,总想着找个妥善的办法,但没想到事与愿违。

他看看大家:"情况就是这样,大家谈谈吧。"

李振军的话把朱韬从沉思默想里拉了回来,时间不允许他们再犹豫等待了,"照现在看来,要刘贵回心转意的可能性很小,群众一时间也很难说服,暴动恐怕已经不可避免了。"

"是这样的",李振军说道,"问题不仅仅是一个刘贵,

五、阜新新邱暴动

我们的困难也就在这里。如果劝阻无效,暴动势在必行,那么下一步……"

"只有坚决支持,否则就会脱离群众。"朱韬直截了当地说。

李振军似乎也早有准备,接过去话茬:"对,我也反复想过,这显然是一种急躁情绪支配下的冒险行动,'特支'原来的决定并没有错。但现在的形势逼迫我们不得不改变原来的决定,除了支持暴动、积极领导暴动,再没有第二条路可走。我们只有尽最大的努力减少损失,争取胜利。"

老赵也表示同意:"在这种情况下,党员必须站到斗争的前面去,若不这样,我们就会为群众所抛弃,就要犯原则性的错误。"

问题就这样决定了,他们正想继续研究一下暴动的具体组织问题,刘贵一头闯了进来,粗声大气地嚷着:"是俺说了算,还是你说了算?"

他抬头时,发现屋里的三个人正在合计着什么,不由得两眼一愣,直挺挺地站住了。这当儿,崔溯源也满脸通红、气呼呼地跟了进来,不用问,他俩是谈崩了。崔溯源刚要开口,见朱韬递了个眼色,便没有吭声。

"刘队长,都是自己人,犯不上动肝火,有话好说嘛!"

朱韬想缓和一下紧张的氛围,并消除刘贵对他们的误会:"刘队长,革命斗争不等于横冲直撞,也不是哪一个人能够说了算的,这件事关系我们全队的命运,一言一行要从长远着眼,在任何时候,我们对敌人的原则都应该是以最小的代价换取最大的胜利……"

"你们到底打算咋的?"刘贵打断朱韬的话,用一种挑衅的口吻说。

"没有别的意思",朱韬极力把声调放平和,"我们知道你曾是八路军的干部,受过共产党的教育,我们一直把你当成自己的同志看待,所以再三再四地提醒你,大敌当前,我们需要团结和冷静。"

"好了,不用说了,俺姓刘的从来不走回头路,一言既出,驷马难追,是凶是吉,有俺自个儿担待!"

大家知道大势已定。刘贵的语气虽不像刚才那样充满敌意,但已经再无挽回的希望了。李振军看看朱韬,起身离开座位,迎着刘贵走去。

"刘队长,刚才我们商量了一下,我们的话已经说到头了,谁是谁非,历史将会做结论。但眼下,大伙既然都有这个决心,我们当然不能隔岸观火、置身事外,因此,现在我们决定支持暴动!"

刘贵忽地一愣,似乎不相信自己的耳朵,两眼吃惊地望着他们。

"是的,我们决定支持暴动!"李振军又重复了一遍。

刘贵听真切了,眉梢朝上一扬,眼睛炽烈而深情地闪了一下,便迈步跨了过来,伸出两只大手猛地抱住李振军的胳膊。他激动得不能自已,摇了摇李振军,又转身紧紧地拉着朱韬和老赵。他像是想说什么,嘴张了几张,可始终没能够说出来。大伙都被他突如其来的举动感动了,心头也很不

五、阜新新邱暴动

平静。

朱韬说道:"事已至此,就该同心同德,全力以赴,誓和大家同生死、共患难!"

"说得好!"刘贵把拳头往胸前一抱,"诸位请放心,有你们的支持,刀山火海,俺刘贵也要闯上一闯!"

7. 电网上冒出蓝火花

暴动决定于9月2日夜间12点开始。组织分工是:队长刘贵位于中心点指挥,掌握信号;副队长崔溯源于10时到劳工系,以找日本人报告逃亡人数、请示开工时间为借口,与日本人混时间;同时挑选20名精干的小伙子组成突击队,由一队长阎锐带领,以找副队长为名,先冲进两人用菜刀砍死日本人,得其手枪,随即缴下门卫矿警的枪支,扳倒室内内网电闸,破坏敌人联系的电话线,摘取室内地图以备逃出去使用,守住东门由队伍直接往外冲;同时,南门由王志光(又名王庆)负责,北门由李振军负责,各带一组人夺枪突击;这一步成功后,即往北越过铁路钻进高粱地,争取拂晓前赶到二喇嘛沟附近,再折向西过驿马肚河上西塔子山,此后便一直朝热河方向前进。并计划在成功逃出去后,立即以劳工队原来的6个班作为基础,按班、排、连编制成6个连,并内定了干部名单。考虑到万一暴动不幸失利,为尽可能地把组织和骨干保存下来,所以暂时没有宣布名单,也没有公开党的具体组成。

这时,李振军实际上已成了刘贵的"顾问",整个暴动

战俘营的"抗三"

的计划和组织都是先经过支部研究,再由李振军向刘贵建议。刘贵虽然不了解支部的组织情况,但也意识到,这几个人不是简单的组合,而是一个有组织的战斗集体,因此很信任他们。

按常理言,暴动计划是比较严密的,而且每个突击班都有共产党员负责打先锋,胜利是有一定希望的。只是仓促下的编队不是部队的原建制,人们的思想水平、军事素质差别较大,相互之间也不太了解,组织指挥有很多不便。而最大的困难还是没有武器。大家想着,如果能够顺利解决周围矿警的武器,弄到十来支"三八大盖",就有了"本钱",沿途再靠它夺上一二十支枪,局面就算可以了。

从决定暴动到举事,只有两天准备的时间,需要做的工作很多。比如进一步了解敌情,查明路线,统一思想,组织突击队,准备干粮,等等。尽管两天的时间已经十分短促,但大伙恨不能再提前一天。人们的思想早就长了翅膀,飞向自由的天地了。

"回去后你们打算干什么?"

"干什么?干八路军呗!"

有人谈得更远,谈到鬼子垮台,谈到胜利后的和平生活。

"等咱们打下天下,一定再来阜新看看,到那会儿说不定咱们就在这儿安家落户了,好好干它一辈子,也许用八抬大轿抬咱,咱也不走了哩!"

2日下午,李振军突然找来朱韬说:"老朱,你和老赵、

五、阜新新邱暴动

老黄的病都没好,暴动打响以后行动不方便,我们决定把你们三个先撤出去,到时候由齐文义同志护送你们。"

朱韬心头一热,组织的关怀,同志的情谊,使他的眼眶不禁湿润了。他恳求地说:"不要紧,我胳膊好了,还是和大伙一起行动吧。"

"已经安排好了,不要变了,一方面考虑到你们的身体,更主要的还是为了在万一失利时能够保存党的力量。"

朱韬只好默认了。

晚上10点多钟,朱韬等人开始出发了。临走时,李振军紧握着他们的手嘱咐说:"出去以后在路基北坡等我们,如果情况危急,你们就迅速离开,单独行动!"

朱韬激动地说道:"这一走,担子全压给你们了,暴动发起后就全力突击,一分钟也不要停止进攻。"

"放心,纵有狂风恶浪也挡不住我们的前进,等我们的好消息吧!当然,斗争免不了要付出代价,但最后的胜利终究是我们的!"说着,李振军伸手轻轻按了按朱韬那只肿着的胳膊,"疼吧?"

"不,不疼。"朱韬确实没有感觉到疼痛,只觉到一股暖流自心底涌出,顷刻便流遍全身,不知是一种什么神奇的力量,半个多月来一直垂挂在胸前的胳膊好像突然间变轻了。朱韬下意识地试了试,居然没费什么劲就把胳膊举上了头顶。他情不自禁地喊道:"瞧,能举起来了!"

李振军一把抱住朱韬,兴奋地说:"我们的队伍又多了一条胳膊了!"

战俘营的"抗三"

"那么，快给我任务吧！"朱韬似乎有点理直气壮了。

李振军沉吟了一下："如果大队受阻，你们就把突击出去的人立刻组织起来，坚持斗争下去。"

"人在党在，党在斗争在！"朱韬满怀信心地说。

"好极了，后会有期，一路保重！"

告别了李振军，四个人便拉长一线前进。齐文义提着菜刀在前开路，老朱和老赵居中，黄文断后。这天晚上没有一点月光，四周一片漆黑，他们轻手轻脚地向西北方向摸行了几十步，就在一段电网前面停下了。这段电网正架在一条水沟上面，沟壁坍塌了一块，漏出一道大腿来高的缝隙。他们准备从这里穿过电网，顺沟底爬过去。白天时他们查看过此处，水很浅，过了沟有道土坎，下了土坎就可以隐蔽地绕过岗楼接近路基了。他们依次卧倒，把衣服又紧了紧。夜色深沉，四下漆黑，除了附近草丛里不时传来一阵阵蛐蛐的叫声外，什么动静也没有，连不远处那座黑漆漆的岗楼也像是一具断了气的僵尸，没有一点声息。

按照事先约定，齐文义打头阵，先带着菜刀过去探路，再回到沟边接应大伙。可是在危险面前，老赵却自告奋勇，捅捅朱韬说："我个儿小，我应当先去。"没等大伙表态，就从齐文义手里夺过菜刀向电网摸去。朱韬既不能喊，又不能拉，只好默默地为战友祝福。

老赵一步一步向前爬着，身体紧紧贴着地皮，听不到半点响声，一眨眼工夫便挨近了电网。他稍微停了停，然后就顺着沟壁坍塌的缺口缓慢地向下移动。朱韬等为他捏了一把

五、阜新新邱暴动

汗,极力睁大了眼睛。老赵还是那样不慌不忙地爬着,胳膊伸下去了,肩膀也渐渐看不到了……

蓦地,电网上冒出刺眼的蓝色火花,朱韬心里一紧,知道坏了。夜色迷蒙中,但见老赵颤动了一下,往下就一动不动了。通道堵塞了,他们失去了一个好同志,好战友,也失去了全队不多的一件武器——那把菜刀。

他们含着眼泪重新回到房子里,李振军一看他们的神色,顿时明白了。

朱韬难过地说:"在危难面前,老赵没有想到自己的安危……"

大家都默默无言,悲痛地垂下了头,李振军的眼光也湿润了。朱韬抹去泪痕,慢慢扬起头,凝望着苍茫而又深邃的夜空,激动地说:"让我们一起战斗吧,向敌人讨还血债!"大家也都暗暗地攥起了拳头。

8. 血染矿山

暴动的时刻快到了,两间大房子同时开始了公开的战斗前动员。屋里静悄悄的,大家都躺在炕上假装睡觉。

在朱韬等人的住房里,抗三团的宣传股长李振军充分发挥了自己的特长,详细地向大伙介绍了暴动的计划,又向大伙鼓动着:"我们都是从根据地来的,在任何情况下都要保持民族气节,即便遇到天大的困难,甚至是严重的挫折,也要团结一致,同心同德,遵守纪律,服从指挥。我们头可断,血可流,但要我们屈服,办不到!只要我们还有一个

战俘营的"抗三"

人,还剩一口气,就要和敌人斗争到底!"

他的声调不高,却铿锵有力,每一个字都像铁锤一样落在人们的心上。有人突然坐了起来,激动地说:"咱们喊喊口号吧!"这个建议立即得到各个角落热烈的响应。李振军思索了一下,动情而又决然地说:"好,我们喊!"

他庄严地举起了右臂:

"我们不做奴隶!"

"我们不当牛马!"

"打倒日本帝国主义!"

"最后的胜利是我们的!"

"中华民族万岁!"

……

为了不使敌人觉察,喊口号采取了一种特殊的形式,人们像表决一样,只举手,不出声。每当李振军的喊声一落,成百只紧握拳头的臂膀就"刷"地一下向上直立起来,那么整齐,那么有力,又那么威武!诚然,他们没有出声,但谁能说,他们的心不在怒吼呢?!

将近午夜,暴动按预定计划悄悄开始了。突击队在阎锐的带领下向东门摸去,各突击组也分头行动。人们的动作惊醒了敌人,敌人用手电在院里乱照,并开始对人们进行射击。既然行动已被敌人发现,再没有什么秘密可谈,突击组不顾一切地向门口冲去,等在屋里的大部队也都从炕上一跃而起,扯出棍棒,抱起砖头,拆下窗框,呼喊着向屋外冲了出去。黑暗里,只见刘贵东奔西跑,李振军挥手疾呼,各班

五、阜新新邱暴动

长带着队伍冲锋。

"冲啊！冲出去！报仇"

"枪口对外，中国人不打中国人！"

……

刹那间，激越的口号声，愤怒的喊杀声，杂乱的奔跑声，像山崩地裂一般，下菜园子震动了！整个矿山也震动了！暴动起初还算顺利，仓库被砸开了，铁锹取出来了，突击队也从边门冲了出去。大门两侧警备队和劳工系的办公室给砸了个稀巴烂，电话机摔成了碎块，板凳、桌子、床腿全被拆了当作武器，墙上日本天皇和溥仪傀儡的戎装挂像更是"身首异处"，被人们踩过来踏过去……

但是，电网没能断电，当中的正门没有打开。暴动的队伍一面组织人继续砸门，一面从边门往外冲……

谁知敌人早已有了戒备，就在这时，门外亮光一闪，事先埋伏好的两挺机枪突然开火了，成串的子弹呼啸着从人们的头顶上飞过，有人倒了下去。

情况顿时变得万分危急起来。李振军大声喊道："坚决突击！"立刻，一支新的突击队组成了。大家把最好的"武器""弹药"送过来，每个突击队员配备了"一长两短"——一把铁锹和两块砖头。

刘贵倚着门，简洁地下达着命令："我一喊你们就上，打两边抄过去，把对方的枪先干掉！"他两眼紧瞅着门外，捕捉着每一刻短暂的沉寂。

"突！"刘贵一挥手，突击队员们就像脱了弦的箭，"蹭

战俘营的"抗三"

蹭"地窜了出去。但眨眼间,敌人的机枪又叫开了,有人刚跨出门便倒了下去。紧接着,第二次突击又失败了。

刘贵急了,咬牙切齿地吼道:"他娘的,俺就不信了!"他把上衣一脱,夺了根顶门闩就往外闯,老王上来一把拽住他:"队长,看咱的!"他身子弓了弓,一个箭步跳了出去,然而,老王也没跑出几步……

他们连续突击了三次都没成功,正门也没有砸开。有人试用门板、被子搭在电网上往外跳,个别人跳出去了,但更多人遭到了不幸。时间已经过去半个钟头,很明显,越下去,形势会越不利。"特支"委员临时碰了下头,决定迷惑一下敌人,把多数难友调到东、南、北三面,佯装由电网上突破,以此吸引和分散敌人的火力;同时,又组织一批难友三五人一组,组成若干梯队,由正面轮番进攻,心想着只要干掉一挺机枪,他们就可以立刻掌握主动权……但是,大批敌人已经赶在了他们之前,大道上,汽车马达声轰鸣,一道道强烈的光柱划破夜空向他们扫了过来,敌人的宪兵队、警备队、矿警队几乎倾巢出动了。

他们被迫由进攻转入防御。敌人打了一阵枪,又扔了一气手榴弹,才端着刺刀战战兢兢地进到院子里,向他们一步一步兜过来。

"当!"暗中飞来一块砖头,领头的日本兵应声倒地。敌人还在晕头转向,身后又是一声喊:"看家伙!"一个难友举起铁锹当头劈了下去,日本兵一闪,被砍在胳膊上,只听得一声惨叫,日本兵就趴下了。别的日本兵马上掉转头,端着

五、阜新新邱暴动

刺刀逼上来。这个难友毫无惧怯,一头钻到敌人堆里,横着铁锹一阵乱砍。另一处,有几个难友也和敌人扭成一团,其中一个正死命地咬住鬼子的手腕,另外几个则同鬼子棍棒对刺刀,一来一往……院子里打乱了,敌人的枪也几乎失去了作用,砖头土块像暴雨一样向敌人倾泻了过去,一些有病的难友则在房里忙着拆卸炕上的砖,源源不断往外送着"弹药"。

就这样,他们凭着最原始的"武器",和武装到牙齿的敌人展开殊死战斗。除石家庄的劳工队有组织地进行暴动外,同院的其他劳工队员也主动投入了战斗。

天慢慢亮了,活着的人最后被敌人的火力压缩在一块不大的空地上。

刘贵、崔溯源及班长白如意等人被押送到日本宪兵队进行审讯;李振军、朱韬等200余人被关进"海州工人辅导所";伪满洲国警务机关,阜新、土默特左旗两警务科在其统治区内派遣矿警搜捕暴动队员,又有30多人被捕回。

暴动被镇压后,据伪满锦州宪兵队报告:

(1) 9月3日有辅导工人400名企图逃跑,并有暴动情况,因此,警备员为阻止情况恶化而开枪;(2)宪兵与日军、满警、炭矿方面协力之下,捕捉逃走工人210名……(3)对结伙在逃中之工人67名,派满警两个小队追击中;(4)死伤:工人死亡5人(包括电死),重伤45名;(5)原因:疑似就劳对将来之不安,

战俘营的"抗三"

受主谋者之煽动。

这次义举虽然被淹没在血泊里,但它显示了中华民族不畏强权、敢于斗争的英勇气概。它像茫茫长夜里的一道耀眼的闪电,为广大被奴役在日寇铁蹄下的矿工们,划亮了长久以来深藏在心底的希望。事后,人们奔走相告,兴奋地竖起了大拇指说:"咱们中国还是有人哪!八路军都是些好样的!"至今还有一些老工人能够回忆起当时的情况,只是在流传中有人加进了自己美好的心愿,把暴动的规模越说越大,而且说得活灵活现。

六、海州工人辅导所

1. 矿工的坟墓

阜新的新邱工人暴动被镇压了。暴动失败后，敌人对他们采取了更加严厉的搜捕、摧残与迫害。劳工队的正副队长被押到日本宪兵队，其他人被押到海州工人辅导所。在暴动中冲锋陷阵的老王在向敌人进攻中并没有死，只是腰部受了重伤，行动困难。尽管如此，这个硬汉子在敌人面前也不装熊，在押解路上不幸被敌人枪杀了。特支书记李振军和党员齐文义是最后被敌人搜捕到的。黎明前，他们带着五六个难友被敌人围困在小卖部附近，在与敌人的周旋中终因赤手空拳寡不敌众，先后被捕。

李振军和齐文义都被上了绑。一个日本军官走到他们跟前，用刀子尖对着李振军的喉咙："你们暴动是谁的主意？"

"大伙的主意！"李振军满腔怒火地回答，"我们要活命！我们不做亡国奴！"

日本军官气得鼻子下的那撮仁丹胡子直往上耸，又把战刀在空中晃了晃："谁的打头的干活？"

"不知道！"李振军斩钉截铁地回答。

战俘营的"抗三"

日本军官嚎叫了起来:"良心统统地坏了,死啦死啦的有!"接着皮鞋、枪托便雨点般地飞了过来,在李振军身上留下了一道又一道伤痕,但敌人得到的回答始终是那么几句。

敌人的威胁失败了,便把他们拖上卡车,由十来个鬼子押着。卡车翻过铁道,沿着一条崎岖不平的公路向西飞驰。

李振军心想,暴动失败后敌人绝不会轻饶他们,生命的最后时刻可能快到了,就向齐文义递眼色,准备找机会跳车逃跑。这时,路旁的大庄稼已经收割,一眼望去尽是开阔的大地,逃跑无疑是十分困难的,然而总不能伸着脖子等死呀!

随着汽车的颠簸,他俩背靠在车厢上偷偷地摩擦着绑手的绳子。约莫过了半个钟头,卡车穿过低矮而破烂的阜新县城,继续往西驶去。眼前的房舍越来越少,原野更荒凉了,也许敌人觉得找个荒山野洼杀害他们会更方便。李振军正这样想着,突然间"嘎吱"一声,车停住了。

李振军定了定神,没等弄清是怎么回事,立即喊了声"跳!"便和齐文义一起从车梆上翻了下去,然后就朝两个方向猛跑。

日本兵一看人跑了,也慌慌张张地下了车,号叫着向他们追了过去。敌人一面追一面朝天放枪,附近炮楼上的日本兵听见枪声也追了下来,四面八方里哨子吹得"嘟嘟"响。李振军猫着腰,忽而向左,忽而向右,约摸跑了两里地,敌人已经给甩下一百来米。然而,他也乏极了,由于整整一天

六、海州工人辅导所

没吃东西,加上周身的伤口给汗水一浸,火辣辣地疼,几乎睁不开眼睛,而两条腿越来越重。终于,他摔倒了……

当他被重新拖上卡车时,齐文义也被押在上面。敌人把他们五花大绑捆了个结实。他们的身上腿上又添了一些新的伤痕,李振军的额上还给手枪划了一道,殷红的血顺着面颊滴滴答答地往下掉。再跑是不可能了。

"到时候要威武一些!"李振军也做好了牺牲的准备。他见齐文义没作声,便转过脸去,只见齐文义正瞪着眼出神,便又轻轻地问:"想什么了?"

"妈的!没拼他几个,太便宜他们了。"

"便宜不了!这笔血债迟早是要讨还的!"

然而,敌人并没有立刻杀害他们。汽车又走了一程,在一座院子前面停了下来。院子朝北有扇大门,门边挂了块牌子:海州工人辅导所。

"辅导所"多好听的名字,可是工人们都管它叫"矿工的坟墓",这地方通常是有进无出,李振军早几天就听说过它。

原来日军侵占东北后,为了维持其血腥统治,以军事镇压为后盾,强化各种统治机器,先后建立了警察署、法院、监狱、思想矫正院、工人辅导所、宪兵队、炭矿警备队等反动组织,用以镇压敢于反抗的中国人民,实行法西斯统治。

这个工人辅导所并不是辅导工人学文化、学技术的地方,而是比集中营更严厉更残忍的"特别监狱",专门关押一些"思想犯""国事犯""经济犯",当时,日伪统治下的

战俘营的"抗三"

阜新人民不仅生活困难无温饱，而且生命安全无保证，名目繁多的"法律"卡得老百姓喘不过气来，一举手，一抬足，稍不注意就会被认为是犯罪。如有的人给病人熬了一碗大米粥，被发现后即被定为"经济犯"，而几个人闲唠嗑时被警察看见，硬说是议论国事，轻者被送往警察署矫正院，重者就被判刑投入监狱。当时，中国人既无言论自由，又无人身自由，处于任人宰割的可悲境地。要说"辅导所"是矿工的坟墓，当时整个东三省何尝不是一座坟场呢？

进门以后，他俩被押进左边的一间房子里，里面坐了个日本军官，看样子就是这"坟墓"里的头头了。在他身边站了个穿便衣的人，长驴脸，40多岁年纪，一瞧那双贼溜溜的眼睛和那副卑躬屈膝的丑态，不用问必定是汉奸翻译了。日本军官问了李振军和齐文义的姓名、职业，又开始询问暴动的领导人。他俩照例还是那几句回答。敌人看问不出什么，又换了题目，问他们逃跑的理由。他俩没理睬，敌人那个头头便得意地摇着脑袋，神气十足地说："你们跑不了的，跑不了的。明白？"

"明白！"李振军几乎喊了出来，"每个中国人都明白，你们猖狂不了多久，最后跑不了的绝不是我们，是你们！是你们这些强盗！"

这家伙没料到迎头挨了这么一棍，气得直擂桌子，半天没说出话。翻译看到主子下不来台，赶紧走上前去哈了哈腰，然后故意拉长了腔调说："兄弟一向慈悲为怀，特奉劝二位一句。常言说，人在屋檐下，哪能不低头？二位是聪明

六、海州工人辅导所

人,其中的利害得失想必是很清楚的。既然到了这里,就应该安分守己,洗心革面……"

李振军轻蔑地冷笑一声。翻译蹙了蹙眉头,又假装镇静地说下去:"兄弟么,完全是一番好意,你们年轻人血气方刚,不明大势……"

"你明大势,那你还记得自己的祖宗吗?"李振军狠狠地顶了对方一句。

"你你你……"翻译的驴脸拉长了,"你要知道这是什么地方!"

李振军又厌恶又好笑,真想撕开他的嘴脸,好好羞辱这家伙一场。这时,门开了,进来一个肥猪似的家伙,日本军官这才不耐烦地摆了摆手,他俩便被带了出来。此时,他们才留心看了看周围,这个院子宽四五十米,长七八十米,四周两人多高的围墙上拉着好几道电网,每个角上还安了架探照灯。离大门十来米远有一道丈把宽一房多深的大壕沟,沟里灌了水,沟沿上埋设着铁丝网,正好把院子隔成两半。壕沟当中冲着大门处,有一座可以起落的吊桥,这便是里外进出的唯一通道了。看来,敌人为了修这座"坟墓",颇费了一番心机。

监狱的管理机构都在壕沟外边,外围由日本宪兵担任警戒,而壕沟里边只有几个中国人看守。敌人可能认为关在这里会插翅难逃,所以监房里没有什么特殊的装置,人可以随便出入,看守得也不严。李振军和齐文义被胖看守带过吊桥,就给松了绑,接着又把他俩送到西边的一排监房里。

战俘营的"抗三"

"难友们现在怎样了,支部的党员还有谁活着?"早已把个人安危置之度外的李振军惦记着自己的战友,急切地想知道大伙的情况,他急步向屋中走去。

一进门,就看见了他最惦念的朱韬、黄文等同志,原来暴动中被捕的难友差不多都被关在这里。他们又相聚了,尽管大家分开还不到一天,却像久别重逢那样的激动。

2. 追查和审讯

到"辅导所"的第二天,胖看守便领着日本军官、汉奸翻译和几个挎着盒子枪的日本兵闯进监房里。大伙估摸一定有事,便靠拢在一块儿坐在炕上。

"太君说了,这里还有谁是班长副班长的都站出来!"

汉奸翻译连喊了几声,没有一个人搭理。日本军官开始还背着手,悠然自得地站在一边,这时也渐渐稳不住神了,满脸横肉青一块紫一块的,瞪着眼珠子怪声怪气地叫唤:"快快地!统统地!实话地讲……!"

然而,还是一阵沉默接着一阵沉默,汉奸翻译看这招不成,又换了个花招:"大家伙快说吧,就算是,承认了也没什么,太君会优待,大大的优待。"大概他意识到这招并不太高明,马上又改了语气:"到底是说不说?查出来可是不好看哪!"

敌人越这样,大伙越看清了这是在诈骗,心里反倒更有底了。

李振军当过副班长和队支部文书,暴动时又亲自负责领

六、海州工人辅导所

导，大伙心中都有数，但是能出卖自己的同志吗？不，不能！应该设法对其予以保护。张忠治和大老郭有意挺直身子把李振军遮挡住，凡是在暴动中出过头露过面的，都被战友们夹在当中或者挡在背后。

汉奸翻译看硬的不行，软的也不成，便自作聪明地到人群里查问起来。这个狗东西推推这个，揉揉那个，忽然指着一个难友："你是班长？"

"不是！"

"那你说谁是！"

对方没有回答，这汉奸猛一掉头又信手指上了张忠治，他企图给被问的人来个措手不及。

"谁也不是。"张忠治答得很干脆。

"哼！谁也不是？我看你就很像。"

"有什么凭证？"

张忠治纹丝不动，应付得沉着冷静。但大伙可是急了，乱哄哄了起来……这时，坐在旁边的大老郭忽然站了起来，正好与汉奸面对面，他那魁梧的身躯、宽阔的肩膀像一堵墙一样挡住了汉奸翻译的去路。

"你一定要找，咱给你指个地方吧。"大老郭不慌不忙地说，"出门往右拐，不远，就是——宪兵队，你上那儿找吧，咱们队长，班长全在那儿哩。"

老狗正愁收不了摊子，便趁势找大老郭的碴儿。

"你叫什么？"

"姓郭，大伙都叫咱大老郭。"

战俘营的"抗三"

"老实说,他到底是不是?"

"咱不是早说了吗,全在宪兵队里。这里谁也不是,你问一百句也是个不是!"

"那——他不是,你就是!"这汉奸开始耍赖了。

"咱是不是么,你就再问问大伙吧!"大老郭说着,眼朝难友们一扫,盘腿坐在炕上了。

打进来起就没吱声的胖看守,这时逞能地朝日本军官说道:"太君,这里的人我统统地明白,班长没有的。"那军官鼻子里哼了一声,没搭理他。看来,敌人对他们当中究竟有没有班长根本不清楚,既说不上漏了几个,更道不出姓甚明谁。折腾了一阵子,日本军官看实在弄不出个什么名堂,搔搔后脑勺,掉转身出去了。汉奸翻译看主子走了,也只好狼狈地跟着滚了出去。

这一走,胖看守却趁机卖开了好。

"方才这事可是非同小可呀,一给抓到宪兵队去,小命就完了,要不是我作为担保,还不定要出多大事哩!真悬乎呀!往后你们可要循规蹈矩,不准胡作非为,遇事也给我长个脸呀!"

"去你的吧,不是什么好种!"有人低声骂道,胖看守也没听见。

后来,通过聊天,人们了解到胖看守姓李,原是阎锡山手下一个排长,在中条山战役中被俘,被送到阜新做工。不久,被敌人选拔为这监狱的牢头,有人当面喊他"李排长",背地里都叫他"李胖子""二鬼子"。

六、海州工人辅导所

就在这 200 多人在海州辅导所里苦苦挣命时，他们的队长、班长们却在敌人的宪兵队里受着残酷刑讯。敌人企图从他们口中得到点东西，但枉费心机，连半点真实口供也没捞到。

宪兵队有各种各样的刑具，有各式各样的刑罚，如打板子、灌凉水、灌辣椒水、跪碗碴、用火烙、坐老虎凳、站笼、过电、吊挂等。敌人逼不出口供，在寒冬腊月里把受害者的衣服扒光，逼着其赤身裸体在院子里奔跑，再往其身上浇凉水，还美其名曰"吃冰棍"。用烟头烫脸颊，一烫人就会不停地颤抖，却美其名曰"跳舞"。然而，对于出生入死的八路军战士，这一切都无济于事。队长刘贵是条硬汉子，一人做事一人当，打碎了牙往肚里咽，既不畏惧也不屈服；白如意等班长，虽经敌人严刑拷打，但个个忠贞不屈，没有一个出卖自己的同志。特别是共产党员副队长崔溯源，同敌人斗争得最为坚决。崔溯源在部队是军事干部，后来到抗大二分校学习，是抗三团的学员。因为在"抗大"接受了党的教育，思想较为坚定。"五一扫荡"中被俘后，仍然保持着共产党员的革命气节。他过去同朱韬、李振军在学校就认识，所以在石家庄就加入了"六月特支"。到阜新后他担任了副队长，支部的一些决议就是通过他转达给刘贵，从而在劳工队得到贯彻的。敌人把他押到宪兵队后，两个日本兵走到他跟前，狐假虎威地拔出战刀，像疯狗一样狂叫着："你们暴乱的，谁人的主意？"

崔溯源用眼角扫了一下敌人，丝毫不动声色。这时，敌

战俘营的"抗三"

人气得暴跳如雷,把战刀指着他的喉咙叫嚷着追问:"你的!快快地说,谁的主意!?"

崔溯源满脸怒火地回答:"大伙的主意!"

敌人气得直打哆嗦,又一阵嚎叫:"谁打头的干活?"

"不知道!"

敌人气得张口结舌,满脸青紫,沉闷了半天,又开始用软的一手,皮笑肉不笑地说:"你们快快说,通通地说出来,愿回家的回家去,钱多多地给!想当官给你的大大的事干!"

崔溯源一听,肺都要气炸了,毫不犹豫地回应:"你们侵略中国,杀害我们的父母,欺压中国老百姓,你们还有什么好心!"

敌人企图用暴刑压服崔溯源,但他始终坚贞不屈,大义凛然,宁肯自己筋骨碎,也不出卖组织、出卖同志,不向敌人低头。

鬼子急得团团转,像只野狼似地怒吼着:"良心通通地坏了,死拉死拉的明白?!"

崔溯源镇定自若,稳如泰山,他早就看穿了敌人的狰狞面目,以压倒一切的英雄气概回答道:"明白!我完全明白!你们的日子也不会长了,最后被判处死刑的将是你们这些杀人的强盗!"

敌人从他们口中得不到任何有用的东西,只好把他们都送到伪满洲国锦州监狱。据说这些同志后来都牺牲在狱中了。

六、海州工人辅导所

3. 漫长的寒夜

日子一天天过去,"辅导所"里战俘劳工的处境也一天比一天艰难。大家都被蒙在鼓里,不知道敌人会怎么处理他们,也不知道自己要被关押多久。而摆在他们面前的,首先是怎样度过饿和冻这两大关口。

每天,每人仅能得到两小碗臭烘烘的咸萝卜。人们都被折磨得面黄肌瘦,皮包骨头,风一吹都能刮倒。即使这样,李胖子还要从中揩油。每次开饭前,他都会先打出一桶米,去喂他的两头猪。有的劳工实在饿得受不了,就偷偷把他倒在猪槽里的高粱米捞出来,用水冲冲吃掉。有的看不过,时常在背地里骂李胖子。有一回,不知谁在猪圈门口拿石灰写了副对联,上联是:活囚徒瘦如枯柴;下联是:二鬼子赛如肥猪。李胖子看到后气炸了,查问是谁写的,但大家都说不知道,他只得一连骂了好几天街。

更严重的威胁还是隆冬时节的严寒。外边飘起了小雪,西北风从围墙的电网刮过,吱吱地嘶叫着,凄厉得像鬼哭狼嚎。日本兵们早已换上了冬装,李胖子除了穿上棉衣棉裤外,还罩了件旧黄呢子大衣。而这些特殊工人,仍然只有一身挂满了窟窿的单衣,这还是八月间从石家庄战俘营来这里时的穿着。铺的盖的更谈不上,几条破破烂烂的高粱秆席子散乱地铺在硬邦邦冷冰冰的土炕上。天一黑,就像掉进黑洞洞的冰窖里,凛冽的寒风顺着门缝、窗缝、墙缝嗖嗖地往里钻,刺到人的脸上就像锥子扎一样。想睡也睡不着,脸上、

· 115 ·

战俘营的"抗三"

手上、脚上全都冻得失去了感觉。任你捏哪儿都不觉得疼，等把手凑到嘴边使劲地哈两下，才会意识到肚子里还有点热气！

也许，敌人是想活活把他们给冻死饿死，这样做比用机枪扫射的影响要小一些。暴动失败以后，人们的思想也比较复杂，通过生死患难的斗争，大伙就像抱团一样，团结得更紧了，对敌人满怀仇恨，决心与之抗争到底。但也有一些人感到没什么活路了，情绪有些沉闷。"六月特支"剩下的两个支委李振军和朱韬分别找党员进行谈话，恢复了党的活动，并要求党员们要教育群众认清形势、坚定信心、保持气节，在没有摸清敌人意图前暂时保持沉默。

为了给饥寒交迫的战友增强勇气和信心，也为了增强一些身体的抵抗力，李振军找几个人编了一套活动体操，动员大家每天做上三五遍。开始时，跟他们做的没有几个人，多数人都愿意蹲在墙脚下晒晒太阳，打个盹儿，或者揉搓冻坏了的地方。有人还说："不知什么时候就没这口气了，还伸胳膊撂腿的干什么？"

党员骨干就说："鬼子汉奸要我们死，我们偏要活下去！别看做操饱不了肚子，可筋骨一活动，血脉就顺畅了，人就不易得病。"随着党员们每日持之以恒地带动，后来做操的人就慢慢多起来了。

天气一天比天冷了，人们整夜整夜地睡不着，佝偻着腰，抱住头，一个挨一个地挤在一起，不断地咳嗽着，呻吟着。

六、海州工人辅导所

一天夜里,李振军发现有几个难友蜷缩成一团,哆嗦得很厉害。一种不祥的预感立时涌上他的心头。他吃力地在炕上爬了几步,挨近了朱韬。

朱韬也没睡着,把手枕在头下,仰着脸似乎在想什么。见李振军过来,便靠过来。

"老弟,有人快挺不住了。"

"是啊,得快想想办法。"

"唱唱歌吧!"李振军提议道。

朱韬赞同地说:"对!让大伙心里暖和一点儿。"说着撑着身体坐了起来。他俩背靠背,紧紧地贴在一起了。

"起来,饥寒交迫的奴隶!起来……"

轻轻的歌声传播开来,周围的叹息声像是被歌声撞碎了,有的人也挣扎着坐了起来。

难友们你扶着我,我挽着你,向李振军和朱韬身边艰难地爬着。他俩伸出双手把大伙拉到身边,胸贴着胸,背靠着背。人越来越多,越靠越紧。

"……这是最后的斗争,团结起来到明天!……"

大伙的心在共鸣,血在交流,谁也没有说一句话。但这时,还有什么能比这歌声更响亮更有力呢!

"唱吧,咱们就这样唱它一宿!"一个难友激动地说。没人回话,但大伙用歌声响应着。他们几乎把所有会唱的歌子都翻了出来。从"松花江上""流民三千万"唱到"打回老家去""为祖国而战",从"心头恨"唱到"抗战的烈火""中华民族不会亡"……

战俘营的"抗三"

激愤、仇恨,交织在心头,有人紧攥着拳头,有人把满眶热泪倾洒在同志和难友肩上,脉搏跳得快了,血流得急了,人们的心挨得紧了。

这天夜里,他们用歌声驱走了黑暗,迎来了黎明。

4. 可爱的"小机灵"

为了度过漫长的寒夜,战俘劳工们除了唱歌外,又开始轮流讲故事来消磨时光,讲故事的组织者往往由"小机灵"担任。

人们已经记不清"小机灵"的姓名了。只知道他在难友中年纪最小,那年才十五六岁,可已经是一个有三年军龄的"小八路"了。由于他活泼、机灵,人们都叫他"小机灵"。他的老家在河北,1936年日寇侵占华北时烧了他的家,杀害了他的父母,他怀着对敌人的刻骨仇恨,13岁就参加了八路军。学过吹号,帮宣传队提过石灰桶,干得最久的是给团首长当勤务员。他作战勇敢顽强,战斗中被俘后被送进集中营,"新邱暴动"后,又和大家一块儿被投进这座"人间地狱"。尽管死神在一天天威胁着他,他还是那样活蹦乱跳,有说有笑。在饥饿、寒冷的岁月里,他利用自己年龄小、敌人关注得少、便于在监舍活动的有利条件,主动地搜集情况,传播消息。时常拣来废旧报纸给大伙看,准时把自己"侦察"到的"情报"及时告诉特支领导和知心战友。哪天吊桥外边来了几个日本兵,哪天李胖子又多舀了一桶稀粥喂猪……这些消息常常从他嘴里传出来。他给沉寂的牢房带来

六、海州工人辅导所

了笑语,给死一样的地狱带来勃勃生机,所以人们都非常喜欢他,在生活上也处处照顾他。

"小机灵"最喜欢听人讲故事,听得入神时他总是两手托着腮帮子,小眼珠瞪得溜圆,半天不眨巴一下。有时讲的故事触动了他的痛处,"小机灵"也会难过地扭过脸去。不过,几分钟后,他又会绘声绘色地向你描述一天的见闻。

有一次,李振军问他:"小机灵,受得了么?"

"没啥,咬咬牙跺跺脚就过去了。"

"好办法!跟谁学的?"

本来是一句逗他的话,没想到"小机灵"却一本正经地说:"小时候跟爹学的。我们家一到冬天常是没吃的没烧的,妈愁得不行,爹总是说咬咬牙跺跺脚就熬过去了。"

"想家吗?"李振军又关切地问了一句。"小机灵"犹豫了一下,却摇了摇头。李振军有点茫然:"不想家?"他不相信一个十几岁的孩子在这种情况下能不想家。

"我没家了,家全给鬼子毁了……"

说到这里,"小机灵"哽住了,紧咬着嘴唇,把脸扭了过去。李振军后悔起来,一时不知该怎么安慰他,只是缓缓说道:"别难过,我们会报仇的!"

每当大家做操时,"小机灵"总是用手学着吹号的样子,到各监室去召集人。有一天,几个同志逗他:"小机灵,你这号吹起来还有个头吗?"

"小机灵"却非常认真而又严肃地回答:"我要吹到天空乌云散,吹得小日本全完蛋!"引得满屋人都叫好,直夸

战俘营的"抗三"

他不愧是个小八路。

就是这样一个可爱、坚强的小战士,却没能看到鬼子的灭亡,就过早地离开了人间。

那是一个风雪交加的夜晚,朱韬触景生情,讲了段"苏武牧羊"的故事。"小机灵"坐在李振军身边,斜倚着身子,把头枕在张忠治的胳膊上。往常,只要一讲故事,他总是精神十足,一会儿提这么个问题,一会儿提那么个问题,常把讲故事的人给难住。可这天,他却一声不响。一个多月来非人的折磨,已经使这个还没脱尽稚气的孩子渐渐抗不住了,他的眼窝陷了下去,红扑扑的小脸变得又黄又瘦。这些日子,他突然咳嗽起来,痰里夹着血丝,气色一天比一天坏。几天来,大伙都挺着急,挨着他的李振军这时心里也有些嘀咕:"该不会出事吧!"

当朱韬讲到苏武被匈奴流放到北海上,在冰天雪地里吞毡咽雪19年而始终保持民族气节时,"小机灵"头一歪,"扑通"一声摔倒在炕上。

张忠治把他抱了起来,搂在怀里。李振军用手摸了摸"小机灵"的胸口,又把手凑到他鼻子下试了试,已经只剩下一丝凉气了。

"小机灵,小机灵",张忠治抱着"小机灵"呼唤着。

"小机灵"微微睁了睁眼,断断续续地说了一句:"苏武——好——样——的!"往下就再也听不清了。

"小机灵",张忠治呼唤着。

"小机灵",李振军也呼唤着。

"小机灵",大伙都呼唤着。

"小机灵"却再也不说话了,他似乎睡着了,睡得那么香甜,嘴角上还浮着一抹笑意……

张忠治把"小机灵"搂在怀里抱了很久,才轻轻地把他放在炕上。难友们很难过,挨个走过他的身边悲痛地向他告别。

第二天,难友们为抗议敌人的残酷迫害,抬着可爱的"小机灵"在监狱的院子里游行示威。

他们高呼着口号:"我们要生存权利!""我们要人身自由!"

他们挥舞着拳头,抗议日军侵略者的野兽行径!抗议法西斯的残酷迫害!

5. 狗吃人与人吃狗

狱中的情况越来越危急了,很多难友的身体都开始抗不住了。只要一便血,拖不上几个钟头人就倒下了。每天都有两三个难友被抬到西北角的死人仓库里,积上三五天,凑够一车,再被拉到孙家湾南山的万人坑去埋。

在"小机灵"死后不久,曾经把他的尸体抱了很久很久才松开的共产党员张忠治也开始便血,拉得身体一点力气都没有了,想站也站不起来,只能勉强爬着走,肚子一阵疼似一阵,有人说可能是急性痢疾,也有人说可能是肠穿孔。监狱里的日本人根本不管,求助的人得到的只有白眼和斥骂。

张忠治知道自己不行了,便拖着沉重的身体,吃力地爬

战俘营的"抗三"

到共产党员黄文身边。黄文看他爬了过来,马上去把他抱到怀里。张忠治流着眼泪,吃力地说道:"老黄,我怕是不行了,如果你能出去,请转告组织,我没——叛——变!"说完就倒在黄文怀里了。

多么好的同志,多么强的党性,在死神逼近的时候,他想的还是组织,想的还是党。不久前,张忠治还乐观地和同志们分析形势说:"看来敌人的日子也越来越不好过了,我们胜利的时刻不会太远了,我真想插上翅膀一下子飞回根据地去,和同志们一道痛快地干它一场,那该有多好!"如今却再也无法实现那美好的梦想了。看着慢慢闭上眼睛的战友,黄文忍不住两行热泪流出眼眶。

死了人,棺材当然没有,想对付一块破席子或破袋子,也很难找到,埋的时候只好用死者的破衣服把头裹一裹就算了。

这一天,李胖子走进监房,打算抽调人手去埋尸。为了了解外边的情况,黄文主动报了名。他和几个难友被押着来到停尸仓库,仓库里放着十几具难友的尸体,有的衣服已经被敌人扒光,扒得连裤头都不剩。一个个尸体都冻得僵硬,真是惨不忍睹,几个抬尸的人又悲伤又激愤。他们自己都没衣服可穿,又去哪儿找裹尸布。持枪的敌人在催逼,他们只好把一具具难友们的僵尸抬上敌人的卡车,然后自己也吃力地爬上卡车,死人和活人一起被敌人押着奔向孙家湾万人坑。

西北风嗖嗖地刮着,车开起来更是寒风刺骨。穿着大衣的敌人还冷得缩脖抄手,对于穿着单衣的黄文和难友们就可想而知了,上牙打下牙,浑身透心凉。

六、海州工人辅导所

卡车在山路上颠簸，绕了几个大弯，来到孙家湾南山一个大坑洼里。坑洼面积约20万平方米，到处是荒冢土丘和大大小小的坟坑墓穴，被野狗刁出的根根白骨随处可见。天上几只秃鹫在空中盘旋，地上一群野狗在墓穴里乱窜，这就是敌人所谓的孙家湾南山墓地。日伪机关在这里设立了满炭墓地管理所。据有关资料记载，日伪时期，阜新有4个这样大的墓地，即城南墓地、新邱兴隆墓地、五龙南方墓地和孙家湾南山墓地，总面积约为50万平方米。这些墓地埋人成千上万，因此矿工称其为"万人坑"。开始这些墓地是一人一小坑，后来死人越来越多，鬼子便挖大坑，一个大坑有几十米长，四五米宽，一埋就是上百具尸体，有的还埋两层或多层，有时一个大坑里就埋有200多人。据日伪的内部刊物《满炭统计年报》《满炭生产力诸问题》记载，阜新矿业建立10年（1936—1945年），敌人从各地搜刮劳动力总数在50万人以上，掠夺煤炭约2 526万吨，死难矿工总数约为7万人，实际人数可能要比这个还多。这就是他们宣扬的所谓"人道主义、王道乐土、中日亲善、东亚共荣"。

卡车停住了，日本兵和看守跳下去，端着枪在周围警戒，远处那群等食吃的野狗窥视着卡车。它们早已有了丰富的经验，知道这里在干什么，因此急不可耐地等待着。

黄文和几个难友在敌人的监视下，用镐头在地上刨着坑。数九寒天，地冻三尺。一镐下去，只能崩起几块硬土，却刨不了半寸深，刨了没几下，就出现一具尸骨，他们想换个地方再挖，敌人却不允许。他们只好继续开挖，刚刨了一

战俘营的"抗三"

层土,鬼子就不让挖了,让他们把尸体抬进去。他们只好轻手轻脚地把自己的难友抬进去,草草地盖上一层冻土,再乘车返回。车还未离开万人坑,那群野狗已经奔了过去,把刚刚埋住的尸体刨出来,争抢地吞食着。天上那几只秃鹫飞了过来,与野狗争食。

黄文和几个埋尸的难友看到这一切,心中涌起说不出的凄凉和愤恨,他们恨这伙吃人的野狗,恨这伙杀人的豺狼。

太平洋战争爆发后,日本人的资源紧张,供应困难。鬼子们没肉吃馋疯了,就让埋尸的特殊工人给他们打几条狗,剥好了带回来。

难友们正恨这群吃人的野狗,见到就没命地追打。狗是打到了,可是扒开狗肚一看,胃里肠子里全是没有消化的死人肉、手指头、脚指头、无法消化的碎骨毛发……尽管难友们意志坚定而且乐观,但看到这些,不少人掉了眼泪,有的瞪圆了愤怒的眼睛,憋不住心头的怒火咒骂着:"狗吃人,人又吃狗,这些该死的畜生们,就是这样吃着我们同胞的肉,喝着我们同胞的血!"

1990年,"六月特支"负责人朱韬重返阜新,在万人坑前看到一具具白骨时,不禁想起了当年的难友,便写了一首《吊万人坑》:

> 万人坑前吊忠骨,
> 默默无语也胜哭。
> 共叱风云谁有泪,

六、海州工人辅导所

威震西山鬼势孤。
壮志未酬君归去，
长留丹心作良图。
细河翻浪应有意，
魔鬼狰狞总飘忽。
连天烽火帜三事，
大地乌金庆复苏。
英灵岂慰深仇雪，
更喜荒丘变丽都。

6."采炭报国"

漫长的夜，寒冷的夜，饥饿的夜，难熬的夜，熬过了今夜，还有明夜。死了的人"超脱"了，未死的人还得在这活地狱中煎熬。

图14　阜新民众集会纪念日伪时期的死难劳工（何天义研究室征集图片）

歌唱不出来了，故事也不新鲜了，黑夜降临后，人们就瞪着大眼，望着窗外想心事。想亲人，想战友，想如何出狱，想怎么战斗，想命运会有个转机，想生命可能要在这里结束……

想得更多、更远、更现实也更具体的，可能是"六月特支"的两位负责人，他们想的不只是个人的安危，而是这个战斗的集体。

坐牢对他们来说并不陌生。李振军1936年在长沙组织

战俘营的"抗三"

学生运动时被捕坐过牢，朱韬1932年在保定二师参加反帝同盟护校斗争被镇压后也坐过4年牢，他们出狱后都到了延安，上了"抗大"，受到党的教育，后来又都被分到抗大二分校所属的抗三团工作。虽然一个来自南方，一个来自北方，但革命把他们的心连在一起。"五一扫荡"以来，他们又一直战斗在一起，被捕后一同在安平、辛集坐牢、被审讯，又一同被押到石家庄战俘营，一同被押到阜新，现在又一起被押在"海州"这座监牢。被捕以来，他们就已经进了地狱，几经周转，不过是一会儿在15层，一会儿在10层，一会儿又到18层。黑沉沉的房屋就像两盘相扣的磨盘，看守的鬼子就是推磨的小鬼，它们要把这些革命者的肉体和意志统统磨光。

"我们不能在这里让敌人把我们折磨死，我们要想办法出去。"

睡不着的朱韬悄悄和李振军商量着，他有着多年坐牢的经验，在国民党的监狱里搞过三次绝食斗争。在这里能"绝食"吗，显然不行；越狱也不太容易，那用什么办法呢？刚进来时，"六月特支"提出了"积极自救，力争外援"的方针。可是，有些人对此感到绝望。一切迹象表明，敌人确实要把他们困死在这里。但无论如何也不能束手待毙！

此后，"六月特支"又进一步分析了他们所处的环境和各方面的条件，认为出去的希望固然很小，但不是完全没有可能。敌人迫切需要劳动力，需要更多的人为他们挖煤，早先关在这里的一些难友，曾经在所谓"采炭报国"的名义下

六、海州工人辅导所

陆陆续续出去了一些,虽然那些人的罪名和他们的"集体暴动"不大相同,但敌人需要劳动力是事实。敌人之所以没有立即向他们这批人下毒手,除了政治上的原因,可能也是因为劳动力短缺。他们商讨后认为,可以抓住敌人的这个需求,以其作为突破口,从绝境中闯出一条生路。同时,他们也分析道:阜新是个大矿,从石家庄来的特殊工人有好几千,一定有不少他们熟识的难友,甚至还可能有"六月特支"里的党员,以及这些党员建立的支部,如果能和他们取得联系,从外面给他们一些声援,成功的希望也就更大。

根据这一分析,他们便一方面利用敌人"采炭报国"的口号,要求出去做工,一方面积极设法和外面争取联系,寻找战友和党组织,把公开的合法斗争和秘密的非法斗争结合起来,争取里应外合,达到出所的目的。不过他们也做好了最坏的打算。他们知道,在敌人眼里,自己是"十恶不赦"的"暴乱分子",不会轻易允许其出去,而外面的组织能不能联系上又很难说。万一这两条都不行,他们只好再做一次冒险——暴动越狱。

考虑到上次暴动中李振军过于暴露,敌人正在追查班长,大伙主张让一直有病的朱韬出面。平时他们和日本兵根本照不上面,有事都是通过李胖子来转达。于是朱韬先找到李胖子,公开提出回矿上做工。

这家伙弄清他的来意后,摇开了脑袋:"怎么,想出去做工吗?晚啦!"

"这是我们大伙的要求,你要负责转达。"朱韬坚持

战俘营的"抗三"

地说。

"老实告诉你们吧,这儿的规矩都是走着进来抬着出去,别的提了也白搭。"

"早先关在这儿的不是有走的吗?"

"能跟他们比?"李胖子觉得更有理了,越发神气起来,"你们也不想一想,老远把你们送到矿上,一天活没干就暴动,闹得昏天黑地,矿里都传开了,说八路军特殊工人如何了不得……"

暴动失败后,外面的消息他们一点都听不到,李胖子这么一说,他们才知道"新邱暴动"有这么大的影响。

"闹事是鬼子逼的,能怪着我们?"朱韬故意引他的话。

"还不怪你们?现在矿上的工人也跟着你们学,不是今儿逃跑,就是明儿打架,闹得可凶了……"

李胖子把知道的"新闻"一五一十地说了出来。这些"新闻"对他们来说的确是莫大的鼓舞和安慰,有个陪朱韬一起去的难友竟情不自禁地叫起好来。

"还叫好呢!"李胖子不以为然地说,"搁往日早把你们突突死了,还想着出去做工?乖乖地待着吧!"

第一次没说通。过了一天,朱韬又去找李胖子,而他早已忘得一干二净。朱韬问他:"我们的要求你转达了没有?"李胖子漫不经心地说:"转达不转达反正还不是那么回事,我要求几回也没让我出去哩!"就这样,第二次依然没结果。

怎么对付李胖子呢?在吊桥里边这块小天地里,李胖子称得起是一号人物了,不过他也的确并不满意自己的处境,

六、海州工人辅导所

成天跟这些所谓的"犯人"打交道,除了弄几桶稀饭,从死人身上扒几件破烂衣服,再没多大油水。他常常为此发牢骚,挺羡慕矿上那些把头,说他和日本人要求过好几次都没答应放他出去,有一回答应了,可是第二天突然又变了卦,不知怎么一回事。看来,他和日本人倒很有些矛盾,经过商量,支部决定从这上面开刀。

一天,李胖子提了桶稀饭去喂猪,朱韬凑过去搭上了话:"这猪养得真肥呀,赶明儿还不卖个百八十的?"

"百八十块钱,可顶个啥?"李胖子叹了口气。

"听说在矿上混个差事可比这油水大呀!"

"谁说不是哩!"李胖子摇了摇头,又叹了口气,"咱哪有那个福气!"

"福气不福气,也是事在人为嘛!"

李胖子没吭声,却不住地抓耳挠腮,两片眼皮子上下直眨巴。

看火候差不多了,朱韬便说:"真想走有什么难,赶明儿我们出去了,保举你当个班长,怎么样?"

李胖子喜出望外,连声说:"那敢情好,那再好也没有了……不过你们这些特殊工人闹腾得那么厉害,日本人能让你们走?"

"也说不定,鬼子这会儿成天喊叫什么'采炭报国',你想想,还不因为打仗缺煤,挖煤又少人,是不是?你去说说看。"

李胖子琢磨了一下,真的动心了,"行吧,我去替你们说说看，说成了大家可不能亏待我呀！"

在朱韬找李胖子做工作的同时，特支还组织了一个请愿队，由王连友带着众人找到所长，要求出去做工，一来可为所里挣点钱，二来可为大伙改善一下生活。

事实证明，"六月特支"的估计是正确的。因敌人急需劳动力，经过大伙几次要求，李胖子再从中讲情，敌人终于答应他们出去试一试，先派十几个人出去抬一次木头。特支便号召大家再接再厉，做好思想准备，既不要因取得一点成绩而松懈，更不要为一时的挫折而丧失信心。

7．难友的心意

鬼子从关押的特殊工人中抽 10 个人出去抬木头试试，这给人们带来一线希望。因为，只有出去才能了解外边的情况，只有出去才有生还的希望。特支对这次劳动也非常重视，费了很大力气才争取到这个机会，如果第一次出去劳动出了事，敌人就不会再让大家出去了。于是他们挑选了 10 个身体比较强壮的人，并把党员黄文也选上了。朱韬对大伙讲了这次出去的意义，又反复对 10 个同志进行了叮咛，希望大家一定要干出个样子给鬼子看看，而且要平安回来。

第二天一早，不少人早早就醒来进行准备。早饭时，大伙都特意少吃点，剩下小半桶高粱米粥贴补出工的难友。可是，出工的难友说什么也不肯多吃，再三推让，双方相持不下，最后还是朱韬下了命令，每人才多吃了一碗。

快走的时候，李振军和朱韬又一次握着黄文的手，说

六、海州工人辅导所

道："这次出去很艰苦，敌人估计我们可能干不了，我们无论如何要坚持下去，叫他们看看我们是什么样的人！"

"放心吧！有什么困难我和大伙商量着办。"黄文激动地说。

"这就好"，李振军高兴地说，"只要闯过这一关，下一步斗争就会更有利。当然，困难很多，论物质条件根本谈不上，我们主要靠的是精神的力量，要在精神上压倒敌人！不过也要注意，别一下子累垮了……"

大伙目送着出工的难友过了沟，出了门，又一分一秒地计算着时间，盼望他们早些回来。太阳稍一偏西，难友们就三三两两地到沟边朝门口张望。

黄文等10个难友，在鬼子和看守的押解下，被带到木材场。零下十几度的天气，野外的电线杆被风吹得呜呜叫，穿着大衣、戴着棉帽的日本兵和看守冻得不愿伸手，抱着大枪在周围站岗。而这10个难友只穿一身单衣，赤手裸脚地在凛冽的寒风中干着苦活，按着敌人的要求把一根根圆木从一个地方抬到另一个地方。刚开始时，肚子里还有两碗高粱米粥垫底，可是干着干着就体力不支。但他们想到200多位难友的嘱托和希望，还是勉强地坚持着。

敌人看他们实在累得不行了，才表示让他们休息一会。可他们却不愿停下，因为停下比干活还冷。看到周围地上有些破草袋破草绳，他们便把草袋捡起来披在肩上裹在腰上，再用草绳捆住以抵御寒冷。多余的袋子和绳子又放在一块，准备下班带回去送给难友们当褥子铺、当被子盖。

战俘营的"抗三"

在一旁站岗的鬼子觉得无聊,看到附近的树林子有野兔奔跑,又押他们到雪地里圈兔子。

终于收工了,10个难友带着自己拣的草袋子精疲力竭地向狱中走去。出工的难友还没跨进门槛,在门口盼着他们回来的难友已喊着把消息告诉了其他等待的人。大伙涌出屋子欢迎他们,有的拍手,有的跳脚,好多人眼里闪着激动的泪花。等过了吊桥,出工的难友把他们的"礼品"送给在家的难友,大家把他们一直簇拥到监房里。

从这天起,几乎每天他们都有一批人被押解出去倒腾木料。傍晚回来时,虽说又累又饿,但情绪依旧高涨。监狱的伙食也改善了一点,而务工带回的草袋子晒干后,对于大家御寒也发挥了不小的作用。

过了几天,他们又来找李胖子,要求再放出一批人来干活。

"这个",李胖子朝吊桥外撇撇嘴,"许是他们还不大放心吧……"

"他们不放心,你还能不清楚?我们可是正大光明的呀!再说,里面看得挺严,出门做工又步步有人跟着……"李振军等人耐心地劝说着。

"是呀,我也这么说了,嘿,也难怪,你们早先闹腾得太厉害了。"随后,李胖子又用讨好的口吻说:"说不定他们还会进来查一查,得留点神哪!"

其实,劳工们倒希望日本人能进来查一查,好当面摸摸他的底。但日本人并没有进来,只是有一回把出工的难友统

六、海州工人辅导所

统找了去，追问是谁领头要出去的，但得到回答是大伙儿都想出去。敌人又问谁是八路军干部，大家回答说干部都留在石门了，压根儿没来阜新……折腾了一阵子，日本人什么也没问出来。

可是，事过不久，一件不幸的事情发生了。一个身体虚弱的难友在抬木头时，因体力不支被圆木压死了，敌人又不让他们出工了。外面的情况还没弄清，外面的同志也没联系上，这条路就被堵死了。刚刚有点生气的牢房里，空气又消沉了下来。就这样在这里等吗？不，不能！"六月特支"又召集大家开会研究新的对策。

8．正义的感召

特支的党员们及时开了碰头会，决定一边组织难友和敌人进行斗争，争取继续出工，一边在内部加紧进行活动，目标选在一个看守身上。

此人姓张，四十岁开外年纪，背有点驼，从满脸的皱褶上看得出是经过风霜的人。他平常说话不多，不像别的看守那样咋咋呼呼，听口音像是冀中一带的人。据说，在这伙看守中，日本人最不满意的就是他。一来是他不搞溜须拍马这一套，二来是他有酒瘾，早早晚晚地爱喝上几盅。日本人、翻译"熊"他，他该喝还是喝。

轮到这个张看守站岗查监时，他就围着房子转上几圈，有时也到屋子里溜达溜达。不过，对特殊工人的事他总是睁一只眼闭一只眼，所以大伙都说他还有点中国人味儿。

· 133 ·

战俘营的"抗三"

一天晚上,朱韬给大伙讲"血染皇姑屯,军阀张大帅遭毒手"的故事,正讲着,窗外忽然有人长长叹了一口气,大伙心里都"咯噔"了一下,等赶出去,人已经不见了。以后这样的事情又连着发生了好几次,可总是找不见人。可这深更半夜里,除了看守还能有谁?大伙马上联想到张看守,于是决定找个机会试试他。

一天晌午,张看守大概喝了两盅,靠在屋外墙脚下晒太阳。朱韬便趁机凑过去,在他旁边坐下来,打着招呼:"今儿自在呵?"

张看守没有说话,只漫不经心地应了一声。

朱韬又往前凑了凑:"听口音,府上像是保定那儿的?"

"嗯,原籍安国。"他低着头咕哝了一句,眼皮都没翻一下。

"这么说,咱们是地道的老乡了。我家是蠡县的,去过么?"

一听是老乡,张看守似乎心动了一下,扭过脸朝朱韬望了望,但还是淡淡地说:"去过,好地方,银蠡县嘛!"

"离家乡多久了?"

"唉,说不清了。"他摇摇头,像是满腹心思。许是有什么顾忌吧,他没再往下说,倚着墙站了起来。

朱韬看他要走,也没强留,只是说:"今儿晚上咱们接着讲少帅发动西安事变,你也来吧。"朱韬有意探探他的底,可这一说不打紧,他脸色一变,手脚顿时无措起来。朱韬说:"没什么,是中国人谁还没有个亡国之痛?老乡,晚上来吧!"

六、海州工人辅导所

他愣了一会儿,惶惑地点了点头。

打这以后,由于秘密已经被朱韬知道,张看守也不再避讳朱韬等人。有一回,他听朱韬说了一段《水浒传》,临走时还感慨了一番:"咱们中国自古以来,杀富济贫的英雄好汉可是出了不少呵!人生在世就是要讲个义气,留下个好名声。仗势欺人,净做亏心事,早晚得不到好报应!"

张看守和朱韬等人的接触慢慢多了起来,但朱韬始终没有向其流露出自己的意图。支部分析这个人还是有些正义感和民族意识的,只要工作做到家,瓜熟自会蒂落的。

有一天,张看守突然向朱韬问道:"张大帅是投靠日本的,真的又给鬼子谋害了?"当他听朱韬把张作霖被炸的经过以及洋鬼子为什么要扶植各派军阀打内战,到头来又为什么要设下圈套杀掉这些傀儡的道理讲了一遍以后,才恍然大悟地说:"真歹毒呵!原来鬼子早就安下霸占东三省的黑心呀!"

"鬼子就和狼一样,跟它在一起没有个好!别看它有时也装模作样给你点甜头尝尝,兴许哪天就把你给吃了。"张看守听了,一个劲儿点头。朱韬又进一步说:"老乡,小鬼子侵略到咱中国来,最愁人少,拆东墙垒西墙也不够用!这才不得不来个'以华治华',好叫咱中国人坑害中国人……"

"是呀,你兄弟说的是呀",他像是惭愧又像是表白地说,"咱也是混碗饭吃,没法子呀!"

朱韬又接着说:"谁好谁歹,大伙心里都有个数,像老翻译那样的铁杆汉奸,日后定轻饶不了他。要是能多做些好事,我看老天爷也一定亏待不了。"

· 135 ·

战俘营的"抗三"

"恶有恶报,善有善报,那是一定的,一定的。"

这次谈话,张看守还是第一次向朱韬说了说自己的根底儿。他小时家里穷,起先给别人做工,以后看看没出息,就到保定当了兵。那时,保定还被奉系的队伍占着。在队伍上混了三四年,熬了个班长,想攒点钱回家置上二亩地,过安生日子。谁知那倒霉的年月,年年打仗,到处兵荒马乱,能留条命也就算好的了。后来张作霖败了阵,从关里逃回关外,他也随队伍到了关东。上了岁数就从部队退下来了,东闯西荡十来年,如今连自个儿的嘴都顾不上,也就再没脸回家了。

朱韬这才明白,他那么关心张作霖是有缘由的。以后,便利用一些机会给他讲形势,讲八路军和关内人民的抗日斗争。有好几次,朱韬、李振军都感到张看守像是有话要说,可几次话到了嘴边又缩了回去。

终于,张看守开口了。这天,他激动地向朱韬、李振军等人介绍了刘贵、崔溯源等人遇难的情况,还感慨地说:"你们八路军特殊工人真是些硬骨头,姓刘的和姓崔的那一伙人,叫鬼子吊打、压杠子、放狼狗咬,折腾了个半死,一句话也没问出来。以后又剥光了衣服赶到雪地里跑步,鬼子还在一边往他们身上泼冷水,什么绝招都使了,可就是没一个叫饶的。鬼子再没法了,最后才把他们拉出去。临刑前他们又唱歌又喊口号……"讲的时候,张看守的眼里噙满了泪花。最后,他终于鼓起了勇气,用手指着自己的胸口说:"咱们相处不是一天半天了,你们要是信得过咱,有什么话

六、海州工人辅导所

尽管说。"

"老乡,我们信得过你!"朱韬感动地说。

张看守睁大了眼睛,猛地抓住朱韬的手,无限激动地说:"好,好,那就好……"

朱韬、李振军等人看时机成熟了,就直截了当地对张看守说:"老乡,既然这样,我们想请你帮忙打听个人,他叫刘绍增,今年八月初打石家庄来的,行么?"

"嘿,咋不早说呢?放心吧,这事就包在咱身上。"

几天以后,张看守真的帮他们打听到了刘绍增的下落。他说,刘绍增在高德矿担任八路军特殊工人队的队长,很有点名声,所以一问就问到了。

当晚,"六月特支"研究了一下,决定给刘绍增送个信。李振军和朱韬在一张小小的纸条上,正正规规地写了16个字:

"新邱事败,被捕系狱,情况危急,望速营救。"

他们把纸条交给了张看守,他满口应承下来。为了预防万一,信上没有署名,要他见到刘绍增就说是姓李的和姓马的托付的。(因被捕后,李振军化名马良,朱韬化名李满贵,刘绍增在石家庄集中营时就知道这些,估摸一说他就会想起来。)交代完了,李振军问他打算怎么把纸条带出去,他说:"好办!鬼子对我们不怎么留意,搁在帽子里就行了。"

日本人和汉奸对特殊工人的压榨越来越残酷了,看样子,敌人是要他们死在这里了。但敌人哪里能想到,一条秘密的交通线已经飞过吊桥,穿过牢狱,远远地伸到外边去

战俘营的"抗三"

了。他们的斗争和外边的特殊工人的斗争又要紧紧地连在一起了。

两天以后,张看守兴冲冲地跑来通知朱韬和李振军:"信送到了,刘队长说马上就想办法,要大伙别着急。"

总算和自己人取得联系了,虽然日子越来越难熬,每天都有被冻饿折磨倒下的战友,但大伙的心里像开了扇天窗,变得更亮堂了。

大伙等待着,盼望着高德矿的战友!

七、燃烧的矿山

1. 怒惩"黑狗子"

"新邱暴动"的消息传到了八大矿,传到阜新城,不论是矿山的矿工,还是县城的群众,都备受振奋,备受鼓舞。"八路军真是好样的!""中国人不是好欺侮的!"……他们看到了希望,看到了光明。

而最受启发,最受激励的,还是从华北押来的近万名特殊工人:"人家能暴动冲出去,咱们为啥不能?""他们敢和鬼子拼命,咱也不是孬种!"不管是早来的,还是晚来的,不论是八路军战俘,还是国民党俘虏,都议论着如何逃离矿山,都酝酿着如何同敌人进行斗争。有明的,有暗的;有自发的,有受鼓舞的;有有组织的,有无组织的。从石家庄押来的三千多名特殊工人,因为在石家庄战俘营时,"六月特支"就向派往各地的劳工队里安排了党员,并指定了负责人,提出了斗争的要求和方法,所以一到矿山就秘密地成立了党支部,组织党员进行斗争。有的党员没有与狱中秘密支部接上头,也凭着一个党员的党性,自觉地组织群众进行斗争;有的则靠着一个八路军战士的觉悟、一个中国人的良心

战俘营的"抗三"

和胆量同敌人进行斗争。他们一方面积极在特殊工人中活动,一方面利用在井下劳动的机会,同矿上的普通工人促膝谈心,交流思想,宣传抗日战争的形势和任务,启发普通工人抗日的觉悟和信心。

当时,矿工的生活非常困苦,长年在井下受苦役折磨,还终年不得温饱,吃窝窝头、橡子面,身披麻袋片,住着破烂矮小的房子,过着凄凉悲惨的生活。有时拣点煤换点粮食,一旦被矿警队抓住,就要被打个半死,甚至终身残疾。因此,工人对给日本鬼子当走狗的矿警队非常憎恨,骂他们是"黑狗子"。于是,特殊工人为了给工人们出气,常常找机会惩罚"黑狗子"。

1942年10月,新邱采矿所两名工人在下班时私自拣了几块煤,被矿警队发现了,便将其绑在电线杆上毒打。路过的十几名特殊工人看见了,便围上去同矿警队讲理。矿警队狗仗人势,哪里肯听,还扬言要把"煤黑子"的脚打断。特殊工人们怒火满腔,一声吆喝,拿起手里的家伙,把几个"黑狗子"打得跪在地上求饶。上下班的工人们一看到,也都围了上来助战。人越聚越多,大家愤怒地举起拳头,非要砸死这帮家伙不可。后来还是几位有威信的特殊工人出面做了工作,提出只要他们不再帮鬼子干坏事,可暂留他们一条狗命。这几个"黑狗子"吓得魂不附体,满口答应,大家这才把他们放了。打这以后,矿工下班时再有人拣煤,他们也不敢管了。

过中秋节了,新邱西部特殊工人大队为了改善生活,合

七、燃烧的矿山

伙买了一口肥猪准备过节。不料这事让"黑狗子"知道了,他们气势汹汹地前来查问,说工人是"经济犯",妄图乘机捞些油水。特殊工人们不理这个茬儿,队长黄廷芬听说后,带着20多个工人呼啦一下子围过来,噼里啪啦一顿打,把"黑狗子"的洋刀、黑帽子都摘了下来。随后又到新邱伪警察署进行讲理,说:"警察想勒大伙脖子!我们自己节约来的伙食费,工人买头猪还要送礼?"问得伪警察张口结舌,只好同意他们杀猪过节的要求。

"黑狗子"吃了这次亏后,仍贼心不死,没过多久,就故意将把头勾引到特殊工人的大房子里,死皮赖脸地设赌抽头。刚铺开赌场,日本人冬井尉就带几个"黑狗子"装模作样地走进来,明为抓赌,实要抢钱。特殊工人识破了他们合谋的诡计,一声呼喊,大家一齐动手,先把几个"黑狗子"打跑了,然后把冬井尉吊起来一顿乱打,打得他哇哇直叫,哀求饶命,答应把抢去的钱全部归还。第二天,几个特殊工人到警察署取钱,不料冬井尉却翻了脸,不但不给钱,还将几名取钱的工人押了起来。

队长黄廷芬听到消息,便带领100多名特殊工人进行罢工,并提出"警察署不放人、不赔钱,就不干活"。别的特殊工人大队也都用不下井进行声援,严重影响了煤矿的生产活动。新邱采炭所打电话追问,警察署警长只好答应工人的要求,放回了几名工人,退回抢去的全部钱财。

不久,黄廷芬和几十名难友到乐子园听大鼓书。他们添了钱,点了一出苦戏。刚唱完前半场,有个姓党的警尉带着

战俘营的"抗三"

几个警察也来看戏。他们看戏从来不花钱,而且还要坐上等座。他们看满座都是特殊工人,便喊着叫工人让座。工人们谁也不理他们。等看了一会儿,这帮家伙又来挑衅,连连摇头说禁止演此戏,并且要换"黄色彩戏"。特殊工人以理相争,"黑狗子"却蛮不讲理,还以势压人。双方争执扯拽了起来,黄廷芬激动地说:"大家看,这样吃人的社会,我们工人兄弟活不下去了!我们要自由,我们决不当亡国奴!""黑狗子"仗着自己佩有枪,想用武力压服工人,而工人则仗着人多也不示弱,于是在乐子园打了起来。党警尉跳上板凳掏出手枪,被黄廷芬一脚踢飞,按着他直往下拽。伪警察急着来抢人,特殊工人一拥而上,双方撕打成一团。有个警察开枪把一个工人打伤了,黄廷芬从他手里夺过手枪,一枪打断了党警尉的胳膊,吓得众伪警狼狈逃走。

黄廷芬领导特殊工人几次公开同敌人进行斗争,"黑狗子"们见了他就远远地走开。日本人看到这个工人队长带领工人又是打把头,又是惩办警察,一会儿大闹乐子园,一会儿又砸了汉奸翻译开的饭馆,给他们带来很大的威胁,于是便指使宪兵队,寻衅将黄廷芬逮捕。在审讯室,黄廷芬怒斥日寇的种种罪行,义正词严,坚强不屈。最后,敌人把他押到新邱河北的长营子河套活埋了,临刑前他视死如归,高呼口号:"中国共产党万岁!八路军万岁!"英勇就义。

2. 太平矿"第六大队"

由石家庄送往阜新的特殊工人"第六大队",是1942年

七、燃烧的矿山

7月被分到太平矿的。这批特殊工人有300多人，多数是被俘的八路军。大队长王一夫（化名徐学俊）、副大队长史玉庆（化名史寒光）、徐梦纯分兼三个小队的队长。三个人原来都是石家庄战俘集中营"六月特支"的领导和党员。临行前，特支要求他们到矿山后设法组织难友逃跑。到了太平矿后，他们成立了"太平特支"，并有计划地把一批党员安排到班长的岗位上。因为在监狱和战俘集中营中受了几个月的折磨，难友们身体较虚弱，于是特支领导便利用手中掌握的权力，想方设法为工人改善生活，不让把头和矿警从中揩油，并教育难友暂时忍耐，等待时机逃回根据地。

第六大队住在一个四合院里，门口有岗楼，四周墙上有电网，要想逃出去比较困难。但他们发现在厕所粪池里有一个洞口，可以往外跑，于是一些难友就悄悄地从这里逃了出去。"太平特支"的领导看见了也装看不见。不久，敌人发现少了十几个人，而且注意到了厕所的洞口。一天，日本人把大队长王一夫叫去进行追查，并且说："如果今后再有逃跑的，就要拿你们三个队干部是问。"

再拖下去，敌人就会给他们找麻烦，而且要想逃出去也更加困难，于是他们三个商量着，打算以看病号的名义逃离矿山。当时，日方管理人员规定特殊工人大队的干部可以自带身份证，凭证出入大门。于是在做好各项准备后，他们三人提出要到医院看望住院的难友。当时，矿方的日本管理人员还没有怀疑他们，就答应了他们的要求。这天下午五点多，他们三人便以看病号的名义离开了囚禁他们的大院。一

· 143 ·

战俘营的"抗三"

离开矿山,他们就钻进青纱帐,向着河北方向前进,要饭一个月,步行千余里,返回根据地找到了自己的队伍。

三个大队长逃走了。日方管理人员知道后已经晚了,追是追不回来了,只好再从现有的队、班长中再选大队长。结果,由被史寒光选到队部当文书的黎亚(化名王春岭)担任了大队长,李鸿年(原名李鸣年)、芦纪(原名李纪元)担任副大队长。虽然史寒光等人走前没有对他们谈过支部的事,但黎亚知道他们是党员,而且有过活动。史寒光走后,黎亚想着,一个党员在脱离党组织的情况下,应该自行组织党支部,继续党的活动。过去,他就知道李鸿年、芦纪是党员干部,现在,三个人相约在队部的小屋里互相谈心,又进一步加深了了解。

一天,他们几个借口研究工作,在队部小屋的炕上商量着建立党支部的事。黎亚一提这个问题,李鸿年和芦纪都表示同意,于是他们又一次成立了太平矿第六大队党支部。黎亚任宣传委员,李鸿年任组织委员,芦纪任保安委员。没有明确说谁是支部书记,有事大家一块儿商量着办。接着,他们分析了矿上的形势,研究了支部的任务和斗争策略。具体明确了五条任务:一是每人在本队联系已知原是党员而又表现好的难友参加党支部活动;二是教育工人提高抗战胜利信心,传递八路军抗日消息,特别是冀东、平北根据地的斗争情况;三是鉴于"新邱暴动"遭受镇压的情况,采取"针锋相对,积极稳妥"的斗争方针,日本人要多出炭支援侵略战争,他们则"针锋相对"组织破坏生产、消极怠工,并且

七、燃烧的矿山

"积极"为难友逃亡创造条件,"稳妥"就是不搞暴动,采取"长流水"的办法分散逃跑;四是加强与其他特殊工人大队的联系;五是关心工人健康,在可能的范围内互相帮助。

支部会议后,他们便分头活动,在给班长布置生产任务时,在井下和工人一块儿劳动时,在同难友一块儿打牌九、玩耍聊天时,他们秘密地与已知道的党员进行联系。很快,黎亚联系到了王大水、郭泽光、赵书岩、王德印等人;李鸿年联系到了刘杰、刘万增、老车等人;芦纪联系了牛世英、刘世嘉等人。这些党员又去串联自己熟悉的战友和同志,谈心、讲故事、唱革命歌曲、鼓舞斗志。

矿上的日本职员小林年纪不大就被征去入伍,老鬼子提川生活困难,小林到工人伙房里帮他要了二斤白面一斤糖,就一再感谢,表现出一副穷酸的样子。支部从这些现象分析,认为敌人已经兵员枯竭,财政困难,再结合敌伪报纸上透露的我军在长城沿线频繁活动的消息,给大家及时传递消息,宣传敌人一定会失败、中国一定会胜利的前景。

天越来越冷了,可特殊工人穿的还是从石家庄来时发的一身单衣,在井下干活还不觉得冷,可一到井上,就冻得瑟瑟发抖。大队干部几次交涉,劳务系迟迟不给解决。于是支部的党员以队部的名义向矿劳务系的日本人提出抗议:不配给棉衣就不下坑。经过斗争,每人总算得到一套用羊毛絮的棉衣,取得了斗争的胜利。

特殊工人最怕生病。那时条件艰苦,上工的还吃不饱饭,生病的更谈不上营养,有了病,日本人并不认真给治

· 145 ·

战俘营的"抗三"

疗,只是往休养所一送,实际上等于等死。第六大队有五六个人住进了休养所,支部领导和党员们就经常买了点心食品前去看望。当时,特殊工人即使上全班,每月也只能领到二十几元工资,刚够伙食费,有的连伙食费也不够,除了发的一床破被子、几件破衣,可以说一无所有。队干部和党员们还是想办法从自己伙食费里省点钱,给生病的难友补身体,争取不让一个难友因生病而丧命。

互相扶持只是暂时缓解问题,根本问题还是为大伙创造条件,逃出虎口。刚开始时,工人们上班下班都要等人到齐了,由"黑狗子"押着一块走,为了能让工人可以自由活动,从而找机会逃走,黎亚、李鸿年等人就借口工人劳动一天又累又饿,上井时间有先有后,等齐了一起回来会增加疲劳,不利于煤炭生产为由,申请让工人分散回家。几经沟通,管理班终于答应了这个要求。从坑口到宿舍一二里地,工人单个回来时,想逃就能跑掉。同时,他们还为工人办理了门诊手续,因为门诊部在太平矿大院西门外,出了门诊部就可以逃跑。有一次,一个难友准备逃跑,由于事前把被面缠在腰间上班而被敌人发现了,被押送到宪兵队接受严刑逼供。于是队干部就出面做工作,把这位同志营救了出来。由于担任队干部的党员为大伙逃跑创造了条件,所以特殊工人们有的在下班路上跑了,有的借口看病跑了,三三两两,没有间断。等这届支部的几个主要领导准备逃离矿山时,第六大队已经逃走了130多人。在1943年春,支部领导带着年龄较小的难友刘志嘉、牛进英等人也逃离了太平矿。

七、燃烧的矿山

3. 变大出炭为少出炭

在太平矿还有一支劳工大队，这就是从石家庄押往阜新的第八特殊工人大队。这个队有 800 人，先后分两批被送往阜新，有大队长徐子臣，副大队长王瑞廷、张立言（化名李斌）、刘兴起、李学海等，下分 8 个小队。原冀中七分区三十二区队青年干事邸欣（化名张喜福）在队部食堂担任炊事班长，管着 800 人的伙食。邸欣利用外出采购粮油的机会，同第六大队的文书黎亚、李鸿年取得了联系。他们原来都是冀中七分区的干部，李鸿年还是邸欣的入党介绍人。邸欣听到第六大队成立了秘密支部同敌人进行斗争时，马上回来找到第八大队的副队长张立言，酝酿在第八大队也建立党的秘密支部。张立言原是冀中七分区直属通讯连的指导员，他同邸欣过去就比较熟悉，邸欣当炊事班长就是张立言的有意安排。他俩初步商定后，就分头行动，联络被俘前熟悉的、被俘后表现坚强的党员战士。先后联系了韩太福、刘锦明、刘英、王记林等 10 多名同志，以这些同志为骨干研究宣传抗战形势，开展破坏工具、消极怠工的活动。与此同时，第八大队的医生阎成芬和四小队的张兰芳等同志也组织了秘密支部。因为找不到这些同志的下落，无法了解他们的具体情况，但组织起来后同敌人进行斗争的方式都是共同的，例如教育爱打人的干部不要虐待自己的同胞，教育难友们不要沾染吃喝嫖赌的不良习气，天冷了带领工人们找日本人要御寒衣，粮食不够吃就找日本人批条子，而其中最主要的，就是

· 147 ·

战俘营的"抗三"

利用各种机会破坏敌人的生产。

当时,日本人为纪念"九一八"侵占东北的日子,把每月的十八日作为"大出炭"日,让工人们用实际行动去"纪念"。秘密支部的党员们就想办法进行破坏。当时,日本人规定每个小队要一块儿上班,有一次四小队有个工人生病了不能下井,敌人说人不齐不准下坑,并用棒子殴打工人,于是秘密支部就组织工人拿起镐把和敌人对打。当时,这个队的特殊工人都有个信念——大家都是死里逃生的,连死都不怕了,活着更不要受敌人的欺压。见特殊工人都是一些"不要命"的,敌人再也不敢拿棒子打人了。

又有一次,一个特殊工人逃跑了。敌人逼着大伙非要把人找回来不可,于是全队决定进行罢工,都不下坑,影响了敌人的"大出炭"。当时,日本帝国主义在中国矿山推行"人肉开采"政策,在采煤方法、生产管理、生活安排、事故处理上都采取"要煤不要人"的原则。只要多出煤,什么安全不安全、死人不死人全然不顾。平安矿的日本管理人员高田公开说:"中国人大大的有,死了死了的没关系。砸死一个,十个的有。"基于这种思想,日本人在阜新采用堆积式、房柱式等掠夺式采煤方法。当时,日本人逼迫工人们拉开井口门就直接采煤,对较厚的煤层采用堆积式采法。"采大院"即从煤层底部凿一条通道,设溜煤口漏斗,在煤层上打眼放炮,煤崩落后不加任何支护,让工人站到煤堆上再打眼再放炮,一直到全部煤层都被崩落为止,二三十米厚的煤层也是这样,然后从底部把煤溜出去。这样采煤,成本低、

七、燃烧的矿山

效率高,但非常危险。在打眼、装药、连炮的过程中,由于对顶板没有采取安全措施,工人在九死一生中干活,随时都可能被落石、落煤砸死砸伤。1940年,太平矿三坑采用堆积式方法采煤,一次大出炭时,顶板压力增大,而日本人硬逼着工人进去干活,结果场子大冒顶,17名工人被砸死16人。1941年,太平矿四井五片采用房柱式采法,一天,一股力道压得顶板"咔咔"响,不时往下掉渣,工人不愿进场子,日本人拿着榔头在外面边打边喊:"干活的要,逃跑的不准,快快地挖煤!"工人被赶进场子后,不久就冒了大顶,一次被砸死十几人。又有一次,太平矿四坑一拉门就采煤,离地表浅,放炮时一炮崩露了天,地面上积存的炉灰全塌了下来,把井下83人全埋在里面。还有一次,太平矿四坑井下起头,工人还在里面,日本人就把洞口封闭起来。工人找他们讲理,管理员田中冷笑一声:"三两个人死了的没关系,中国人大大的有;火着起来了,坑口的坏了,衙门大大的赔偿。"日本侵略者把中国人看作两条腿的牛马,根本不把工人的生命当回事,特殊工人就团结普通工人同他们一块斗争,启发普通工人也破坏工具、消极怠工,使敌人的大出炭变成不出炭、少出炭。

太平矿工人孙仁杰,原籍河南,家乡被鬼子"扫荡"后无法生活,逃到阜新,在选煤厂开绞车。在厂里干活的特殊工人老刘和老杨了解到孙仁杰的身世后,主动向他宣传抗日思想,鼓励他想办法破坏大出炭。1943年夏天,孙仁杰和一个把钩工人利用夜班,巧妙地制造了绞车事故,造成工厂停产6小时，日本人派人来检查，也未查出真实原因。

共同战斗产生了革命的感情。普通工人认识到，掩护和帮助一名特殊工人逃出虎口，返回根据地，就是增加一份抗日力量。于是，有的把特殊工人藏在煤车里，拉出鬼子的封锁线；有的给特殊工人带路，从多年不用的老巷里逃出去；有的脱下自己的衣服，拿出仅有的一点钱凑出路费，帮助特殊工人逃走。真是中华民族骨肉相连，大敌当前同仇敌忾！太平矿第八大队原有特殊工人800人，半年后被押往兴凯湖时只剩下500多人。

4．歌声和标语

为了唤起难友和群众的革命热情和斗志，秘密支部要求党员用各种形式进行宣传工作，而唱革命歌曲和写抗日标语都是比较常见和容易办到的做法。

当时，在太平矿、五龙采炭所、平安庙、高德二坑、新邱南梁以及矿山周围都时不时地出现"打倒日本鬼，不当亡国奴！""打回老家去，解放全东北！"等抗日标语。有铅笔写的，有粉笔写的，虽然不醒目、不显眼，但人民看了备受鼓舞，敌人看了非常惊慌。日本人一发现抗日标语的存在，就动员特务、警察、把头全力进行追查。

1943年春天，太平矿井口发现了一条用粉笔写的标语——打倒小日本！下井的特殊工人和普通工人看到后，便互相传说着。虽然每个人都衣衫褴褛、精神疲惫，看到这个标语却像吃了兴奋剂一样，精神马上振作起来，又像听到了

七、燃烧的矿山

冲锋号,不少人摩拳擦掌,想着如何跟鬼子汉奸大干一仗。

日本人发现后,像发现了一枚定时炸弹,担心其马上就会爆炸;又像发现了一种烈性传染病,担心其流行到全矿。他们一面派人对标语进行封锁销毁,一面又遣人迅速进行侦察。特务股长吉森命令特务主任率领4名警察到现场调查,又是拍照,又是记录,明察暗访,折腾了好久,却毫无结果。

于是特务主任带着几个小特务整天在工人住宅里乱窜,不管是白天还是夜里,看到几个工人凑在一起聊天就悄悄地靠近偷听,有时还偷偷藏到工人宿舍的窗外,窃听屋里的工人说话。

一天晚上,特务主任藏在小道里面偷听工人对话,隐隐听到有唱歌的声音:

"鬼子真可恨,

鬼子真可恨,

奸淫放火又杀人,

你看他多残忍,多残忍,

……"

这个老奸巨猾的特务头子,听到歌声喜不自胜,本想一下子把唱歌的人抓起来,好在日本人面前请功领赏,但一看唱的有三个人,自己一人不是对手,连忙招呼值勤的一帮特务从四面围上去,把三个唱歌人逮捕了。

原来唱歌的是三个年轻人小张、小范和毛世坦。毛世坦原是地方政府的工作人员,为人正义,富有爱国主义思想,

战俘营的"抗三"

对敌人无比仇恨，被捕以来一直没有停止过斗争。特务把他们带到阜新警务科特务股进行审讯。面对敌人的逼问，他们态度冷静，毫无惧色。特别是毛世坦，高昂着头，眼睛望着天花板，对特务们看也不看一眼。特务主任气得直咬牙，连连叫打手动用酷刑，往他的手指上扎竹签子、身上通电，反复浇冷水，打得他几次昏了过去。

"太平采炭所那条反动标语是你写的吗？"特务主任等毛世坦醒来时，再次问道。毛世坦只睁开眼看了一下，特务主任见他不说话，又声嘶力竭地喊道："说！快说！不说我就加大刑。"

毛世坦愤怒而轻蔑地说："你们那一套没什么了不起，可以告诉你们是我写的。"

特务主任吓得身子一晃："啊，你竟敢打倒——"当他意识到要失口骂"皇军"时，马上改口道："你竟敢反对太君？"

毛世坦怒斥道："你们这些汉奸、走狗，忘记了老祖宗，把中国人的脸都丢光了。我们决不当亡国奴，一定要打倒日本帝国主义！"接着又唱起敌人害怕的那首歌："鬼子真可恨，鬼子真可恨……"

这歌声像一把锋利的匕首，直刺敌人的心脏，特务主任惊慌地拍着桌子喊道："住嘴，别唱了！别唱了！"特务打手们也急忙上前堵毛世坦的嘴，压毛世坦的腰，刑讯室里一片混乱。

经过一个多月的审讯，特务们没有从毛世坦的嘴里得到

七、燃烧的矿山

秘密支部的半点情况,敌人把他定为"思想犯"押送到宪兵队,再一次投进监狱。

5. 塞北支部

在阜新高德矿上住着三个特殊工人大队,兴亚一队和兴亚二队是敌人在冀中等地"扫荡"中被俘的八路军人员,新民队是日军中条山战役中俘虏的国民党官兵。三个队分住三个大院,其中兴亚二队是1942年8月以后从石家庄押往阜新的特殊工人。全队300人,大队长为刘绍增、刘明珍。该队被俘党员胡煜(化名翟光)和范荣绪(化名张洪恩)在石家庄战俘集中营时,就和"六月特支"有联系,但他俩彼此间并不了解。到阜新后,胡煜在坑上写传票,范荣绪开办了工人自己的小卖店,两人活动都比较方便。由于共同的信仰,两人接触得也越来越多,说话也更加投机。当胡煜知道范荣绪原先是无线台台长和共产党员时,便主动说道:"我们虽然肉体被敌人俘虏了,但精神上不能当俘虏。我们是党员,是干部,要对同志负责,对人民负责,要继续同敌人进行斗争……"

范荣绪早有此意,于是两人不谋而合,决定成立党的秘密支部。经过个别串联,他们联络了六七个被俘党员,成立了"塞北支部",由胡煜担任负责人,并选举了宣传委员、组织委员,进行了分工。当时,兴亚二队的队长刘绍增在队里说一不二,特殊工人都听他的,日本人对他也很器重。于是,"塞北支部"首先做了刘绍增的工作,争取到他的支持,

战俘营的"抗三"

时刻提醒他保持革命战士的本色，给大伙当个主心骨。

支部成立后，制订的第一个活动计划、提出的第一个口号就是反对思想俘虏。特别是高德矿新民队的一些国民党士兵，受敌人麻痹很深，有的悲观消沉，有的甘心为鬼子卖命、欺侮自己的同胞。于是"塞北支部"要求党员努力分头做这些人的工作，教育他们要坚定中国人的立场，不能死心塌地地给敌人干活，而应该团结应敌，一致对外。

刚到矿上不久，兴亚二队就有十几个难友不堪折磨，陆陆续续地去世了。日本人近藤为了欺骗和迷惑工人，请来和尚为死者念经。同时，敌人为了消磨这些抗日战士的斗争意志，故意在劳工大队周围开设赌场、妓院、酒馆，一些人经不起引诱，醉生梦死，吃喝嫖赌，意志消沉，混天度日。针对这些情况，"塞北特支"进行了内外的整风运动，反对赌风嫖风，对个别说服不了的人就发动群众集体整他。特殊工人的生活很苦，有病无钱治疗，"塞北特支"就发动大家偷拿敌人的锹镐工具到小街卖掉，买药给难友治病，并指示大家暗中破坏敌人生产，偷割敌人电线缠在腰上，偷扛木材去卖。"黑狗子"来硬的，他们也对着干，打得"黑狗子"不敢再乱来。他们还破坏了铁道、矿车，有时使矿车脱轨而几天不能生产，令敌人很伤脑筋。

听到"新邱暴动"中有一部分难友逃出去的消息，他们大受鼓舞，一些特殊工人也想着和敌人来硬的。一天，胡煜带领伙房的几个特殊工人去日本人开的小卖店买面。店员向他们索要面袋子，要求上交一条面袋子，才能卖给他们一袋

七、燃烧的矿山

子面,没有面袋子就不卖面。他们因为没有面袋子而买不上面,向店员解释,可店员不听,还要态度。

胡煜气急了:"你们这些店员都是铁杆汉奸!"

店员火了:"为什么骂人!就不卖给你们!"

胡煜等人:"不光骂你,不给面,我们还要砸你的小卖店。"说着,胡煜和一同去的特殊工人就把小卖店给砸了。砸完店后,胡煜又给日本管理人员高德采炭所所长近藤打电话说明了情况。近藤怕工人把事情闹大,马上说:"这事我去说话!"近藤赶到店里,把藏在里屋的日本掌柜叫出来讲了一阵话,然后让特殊工人把面拉了回去,只对他们说了几句:"以后不要打架,有事我的出来说话!"砸小卖店的事就这样了结了。

又有一次,为了引火取暖御寒,几个工人下班时从坑口拣了几块废木头,被一个矿警队截住,态度非常蛮横地指责工人偷了坑木。工人一怒之下,便把这个矿警打了一顿。矿警向劳务系报告了此事,近藤出面进行调查。工人们据理力争,说拣废木头是用来引火,并不是偷木头。近藤见工人们拿的确是废木头,只好把矿警训了一顿。此后,工人们下工回来的路上,扛着坑木,唱着八路军进行曲,矿警队也不敢再管了。近藤知道工人扛了坑木也装作不知道,只给干部说:"你们好好地干活,只要不逃跑就行。"

劳工们了解到近藤的心理,就利用各种形式继续进行斗争。

工人下坑凭灯牌子领灯,一个牌子领一盏灯。一个班十

战俘营的"抗三"

多个人要排一长队等很长时间，工人们不愿浪费时间来排队，便让日本人开一张条子领十几盏灯。领出后，工人要调换能亮的灯，管灯的日本人不耐烦，说工人们捣乱，斥责带班的不管，并揪住其脖领子。工人急了，和他们打起来，管灯房的日本人数量多，就把日本实习生叫来十几个，帮着打倒了三个工人。正在宿舍的胡煜接到井口的电话，便带着当时在家的七八十个人，拿着铁锹、扫帚等一切能用的工具，不顾大房子警卫的阻挡，冲出院子，赶到现场，和日本人对打起来，接连打倒了几个日本管理人员。这件事惊动了劳务系、警察厅和宪兵队，后来经过调查，了解到双方都有责任，就把双方的伤员禁闭起来，关了几天。

后来，兴亚二队的人听说"新邱暴动"的一批难友被敌人押到海州工人辅导所，正在遭受敌人的折磨和摧残。他们正打探消息准备营救时，队长刘绍增收到了李振军和朱韬转来的便条。刘绍增当即把条子转给范荣绪，"塞北支部"立即召开会议，决定一方面让刘绍增出面向日本人要人，一方面发动全队特殊工人开展营救斗争。

营救活动开始了，利用敌人所谓的"采炭报国"的口号，由刘绍增找到近藤说："咱们这里缺劳工，把他们通通地要出来，朋友们在一起干活，劲大大地有。"开始，近藤并不同意，连试了几次后，近藤说："我和太君说过，但他们大大地坏了，出来的不行！"

看着近藤不行，他们又找到劳务系主任小田，也不行。最后找到高德采炭所所长山庄，还是不行。大家看光靠嘴皮

七、燃烧的矿山

子不成,于是又决定集体"泡蘑菇"(注:磨洋工)。

出煤量本来就不多,这么一"泡"就更少了,一个整班出的煤刚够烧坑的。这下日本人急了,近藤追问事情的缘由,刘绍增告诉他:"中国人最讲义气,朋友落了难,干活就提不起劲来。"近藤也想了不少花招,不是威胁工人,就是装出一副无能为力的样子。大伙对他这一套手段全不买账,每天上工照出,"蘑菇"也照"泡"。近藤给"泡"得没法子,就哄骗大家说:"煤出一天再加两个馒头,再不出煤,我就要受大大地处罚了!"

大家的回答是:只要把我们的人放出来才有劲,要不加十个馒头也白搭。近藤只好松了口,答应同上面再试试。大家一听有点门道,当天便加劲干了一班,出煤量一下子翻了上去,比"泡蘑菇"前还多出了一大半。

这下近藤可乐坏了,连连夸"大大地好",可是要人的事他却丢在脑后了。大家看他想糊弄人,于是第二天如法炮制,煤产量又掉了下来。近藤看这样下去交不了账,才不得不真去交涉。

这以后约莫一个星期,刘绍增给狱中的李振军和朱韬带去口信,说是已经有门道了,可能要分几批,第一批人数不会太多,希望新邱煤矿的难友准备准备。听到这个消息,海州监狱的难友真是说不出的激动,他们终于依靠特支和群众的斗争找到了出路。

第一批出去的是李振军、朱韬和张新文。当他们即将走出大门时,难友们都涌到壕沟边上来欢送他们。三个人热泪

战俘营的"抗三"

盈眶,为之语塞。看守李胖子也站在沟里面,两只老鼠眼直眨巴。这家伙感觉像在云里雾中,不知道这帮"穷人"有什么神通妙法,居然能逃出这座魔窟。

等李振军、朱韬和张新文跨进高德矿的大院,人们一传十十传百,都跑来看望他们,不一会儿人就挤满了一屋子。想着这两个月来的遭遇,想着仍在"辅导所"里和死亡搏斗的难友,想着高德矿的同志们舍生忘死的营救,三个人一时间百感交集。他们向高德矿的难友诉说了暴动的经过和失败后的经历,传达了狱中难友渴望自由的心声。为了救出更多的难友,他们和"塞北支部"的党员进行了研究,决定继续开展营救活动。

为了向敌人证明营救的三人可以做工,李振军他们三人也拖着虚弱的身子,带病下了几次坑,做了做样子。半个月后,鬼子答应再放50人。

等李振军、朱韬再次回到"辅导所"接回共同参与暴动的难友时,短短的时间里狱中又死去了10多名难友。剩下的100多名难友身体状况也越来越差,他们想争取将其全部要出来,日本人怎样也不允许,费尽唇舌才只多要了三个人。结果第二批一共出去53人,凡是没有失节的党员和干部基本上都出来了。等他们继续活动准备营救第三批同志时,狱中又传出噩耗,又有几十名难友被冻饿折磨得离开了人间。幸运活下来的同志们并没有放弃努力,他们又组织了新的特支,展开了新的斗争。

6. "十月特支"

新邱煤矿 50 余名特殊工人的到来,给高德煤矿兴亚二队带来了生气。原先在战俘集中营就熟悉的难友在这里重新见面,心里都有说不出的激动。高德矿的难友夸赞新邱矿难友斗争的坚决,新邱矿的难友感谢高德矿难友的大力营救。

为了便于劳动,高德矿把新来的 50 多名特殊工人编为第十三、十四两个作业班。鉴于新邱暴动时支部领导不是队干部,没有说话权、指挥权的教训,这次编班由兴亚二队的队长刘绍荣推荐,"新邱特支"的领导人李振军、朱韬分别担任了第十三、十四班班长,挂了洋工可以不参加坑内劳动。他俩推荐共产党员黄文和李老忠分别担任两个班的副班长,按普通工人待遇,负责带班下坑劳动。

"新邱特支"和"塞北支部"的领导经过开会研究,决定合并为一个党支部,为纪念苏联十月革命胜利 25 周年,把支部命名为"十月特支",并选举李振军为支部书记,胡煜为组织委员,朱韬为宣传委员。下设三个党小组,分别联系着一二十名共产党员。宣传委员朱韬还根据新邱斗争的经验和毛主席关于敌区斗争的指示精神,起草了"对敌斗争计划"。

46 年后,当我们在武汉探访原中国电子公司中南公司经理、已离休的黄文同志时,他还能背下这个计划的主要内容:

失去慈母怀抱的孩子们,我们不幸身为战俘,受尽敌人的摧残与侮辱,这是我们最大的耻辱。可是我们虽然身为敌俘,但是我们的思想决不能成为敌人的俘虏,否则,将会成为真正的败将!

抗日民族统一战线中抗日战争时期的总方针——积蓄力量,保存力量,准备反攻,是我们相持阶段总的任务。团结内部,一致对外,保持身体,保持思想纯洁,反对腐化堕落,反对响应敌人的号召(度过寒冬、等待来春、伺机而动)是我们的行动方针。

这个"对敌斗争计划"在今天看起来可能不那么规范和严谨,但在当时的情况下能有这种鲜明的观点和正确的策略,的确难能可贵。为了使斗争任务更加明确,他们又提出了"教育群众、团结应敌、积蓄力量、等待时机"的口号,斗争策略也采取以公开合法的斗争和掩护秘密非法的斗争相结合的形式,对日伪人员分别对待。如对日本的一些下层人员,要一面斗争,一面启发他们认识到自己只是侵略者的工具;对于下层日伪职员,要进行不同程度的斗争,但应适可而止,主要启发他们的民族良心;对于普通工人,主要向其讲解抗日斗争形势,宣传共产党八路军的抗日政策;对于国民党被俘人员,也要注意团结教育,区别对待。

当时,敌人有意在特殊工人与普通工人之间、八路军战俘和国民党战俘之间制造矛盾,妄图坐收渔翁之利。"十月特支"便针锋相对,一方面加强思想教育,揭露敌人的阴谋,清除暗藏的叛徒,巩固团结内部;一方面带领广大工人

七、燃烧的矿山

同敌人进行各种形式的斗争,使高德矿的斗争又活跃起来。

新到的50多名特殊工人,身体都比较弱,也无御寒的衣物,兴亚二队的难友们就想法改善他们的生活。正赶上过年,队上便买来了猪肉、豆腐,大家都吃上了馒头、杂烩菜。同时,"十月特支"还努力动员大家互相帮助,兴亚二队的老同志每人拿出一个月的工资给新来的难友买了衣服、鞋和被子。在休养了一个来月后,新难友也开始下矿挖煤。

日本人施行"以华治华"的方针,虽然高德矿有日本管理人员,但主要由中国矿警和中国把头监督工人干活,行动较新邱自由一点。新来的难友大都没挖过煤,既不会干,也不知道有什么危险。老同志就给新难友介绍情况,耐心对其予以帮助。当时矿上的设备比较落后,一般都是先用风镐打眼,再放炮炸煤,最后用铁锹把煤装在轱辘马(小翻车)上挂在小火车上拉走。老工人有经验,推轱辘马下坡时会跳上去歇一会儿,拐弯时再跳下车把车搬一下。新工人没经验,开始学推轱辘马时常常出现事故。有一次,黄文和一个难友推车下坡时,车速很快,那个难友看到危险就跳了下去,黄文担心有人被压住,就死死抓住车,拐弯时也忘了下车去搬。结果轱辘马翻了,黄文被甩了下去,当场摔昏了。李振军和难友们急忙跑过去呼唤着黄文,经过一番抢救他才清醒过来。因为安全措施极差,矿上经常出事故,可矿警、把头仍旧时常对工人威逼驱赶、处处刁难。于是,"十月特支"又领导难友同矿方进行斗争,如消极怠工,破坏工具,领回灯盒子填在炉子里烧,把打眼用的钎子拿回宿舍截断做自卫

战俘营的"抗三"

武器,往矿车轱辘底下垫石头,让矿车脱轨制造事故,等等。

有一次,井下发现了瓦斯气体,而日本把头仍旧不顾工人性命,强迫工人在掌子上继续冒险进行作业。工人们都愤怒了,全掌子工人在井下和日本把头打了起来,从井下打到井上,到井口又出来十几个鬼子帮凶进行阻拦,被冲出来的工人又狠狠地打了一顿。后来敌人调来军警才镇压了这次反抗,而紧接着,工人们又团结起来进行了罢工运动。

为了同外界联系,寻找党的地下组织,"十月特支"通过范荣绪在高德小卖店的工作关系,认识了阜新城大春祥药店的徐墨林、张庶光,继而建立了联络点,扩大抗日宣传,创造外逃的条件。李振军还利用挂洋工时有"国民手账"(注:身份证)外出方便的有利条件,同太平矿的李鸿年和平安矿、孙家湾矿特殊工人的秘密支部负责人进行联系,计划扩大组织,成立八大矿统一的党总支。

讨论正进行得热火朝天。突然间,太平矿的一名通讯员慌慌张张地跑来,原来是情况有变,李鸿年等人已经离开了太平矿。"十月特支"的主要成员以为建立矿总支部的计划暴露,立即开会做出撤离计划,计划组织党员分几批逃离高德矿。刘绍荣花钱买来五张空白"出国护照";李振军私刻了公章,制造了假身份证;黄文绘制了路线图;范荣绪托大春药店买来便衣。在做好具体安排后,"十月特支"的领导李振军、朱韬、胡煜、张鸿思和队长刘绍增用党费做路费,分头从阿金车站上车,逃离虎口,奔向关里,返回华北战

七、燃烧的矿山

场。后因敌人警觉,其他人员没能按计划逃离矿山。不久,这个劳工队又被押送到兴凯湖中苏边界继续做着苦工,他们在那里继续同敌人进行着斗争。

八、从"南满"到"北满"

1. 所谓"北边振兴计划"

九一八事变后,日本帝国主义把伪满洲国作为侵略中国关内的基地,同时为了进攻苏联,又把离苏联国境最近的"北满""东满"等所谓"北边地方",规定为综合性的跳板军事基地。因此,从1932年起,日本假借伪满政权的名义,实行了所谓"满洲产业开发五年计划",其中的一项"北边振兴计划",实质上就是把"北边地方"布置成为一个大军事基地的计划,同时也可利用北方的土地解决日本本土民食不足的问题。

所谓"北边",是以吉林省的长春为中心,从其正东方的伪间岛省珲春县起,沿着中苏国境地带,直到正北方的伪黑河县,包括珲春、东宁、绥阳、穆棱、密山、虎林、饶河、抚远、同江、萝北、佛山、乌云、奇克(现为逊克)、瑷珲、呼玛、鸥浦、漠河共17县。长2 400余千米,宽则随地形不同而定,平均40—50千米。日本把这个面积范围规定为"国境地带",又叫"北边地方"。

早在1934年,日本侵略者就开始在中苏边界修筑了大

八、从"南满"到"北满"

大小小的军事工事,说是"防守苏联的进攻"。随着侵华战争的发展,日本不断完善它的侵略计划,把中苏边界分为"三线"。

第一线,是从珲春到漠河,沿苏联国境地带最近的各地方,日本对照有苏联军事工事设备的各个地方,建立了大大小小的军事工事,并驻扎部队,为贯通这些军事工事又修筑了一条水平方向的弓形道路,叫作"军用道路"。日本把这些军事工事的布置,简略称为"国境地带的第一线方面"。

第二线,是为第一线服务的后方军事基地。大多建立在靠近县城的地方,主要是军营、指挥司令部、航空基地、军用仓库、病院等,连接这些后方军事基地的也有一条横向的曲折型的大道,叫作"特殊道路",日本把这一地带简略称为"国境地带的第二线方面。"

第三线,是在第二线后面及之间建立无数个开拓团根据地。开拓团是根据1932年日本广田内阁决定的所谓"十大政策"之一——"向'满洲'移民20年,分批移民100万户(500万人口)"的设想,由伪满"开拓总局"经手,掠夺当地农民土地3 000万公顷,由日本、朝鲜移民,以及复员老兵和可用于补充兵员的青年来充任,"有事皆为兵,无事皆生产",实际上是一种屯垦兵制度。连接这些开拓团基地的也有一条从珲春到漠河的纵横交错的道路"开拓团道路",又叫"移民道路",日本把这些布置简略称为"国境地带的第三线方面"。

这个三线或三段布置的综合性的大军事基地即所谓"北

边地方"。日本侵略者为了实现这个战略计划，在零下30多摄氏度的严寒天气里把散居在各个地带的中国居民强迫赶走。仅在虎林、密山、穆棱、绥阳、东宁五县就赶走居民4 000多户，不肯走的先烧掉房屋，再强行押送，致使无数老幼冻死、饿死在迁移的途中。

日本侵略者要实行这个庞大的计划，就要在其军事区建立大批军营、仓库、病院、军官家属宿舍、学校、邮政局、电报局等设施。据伪满时期一位大臣回忆，这一计划中仅飞机场就要修420多处，各种大型军用仓库达500多个。如此浩大的军事工程特别是沿中苏边界的三条道路，需要数十万劳工来修建，在当地抓捕的民工远不能满足侵略者的要求，于是被俘的抗日军民就成了他们所谓"北边振兴计划"的劳动力。

1943年2月，苏联人民取得了斯大林格勒保卫战的胜利，给予了法西斯德国以致命的打击，成为第二次世界大战的转折点，欧洲战场上的形势发生了显著的变化。日本侵略者为了加强与苏军对抗，又挖肉补疮般地把大批特殊工人押到中苏边境上加紧构筑防御工事。这里，我们只就由抗三团战俘参与的几支特殊工人劳工队在虎林和兴凯湖的遭遇和斗争进行简单的介绍。

2. 从高德到虎林

1943年4月24日，阜新高德矿兴亚二队特殊工人正在公休。突然，日本宪兵、矿山警备队包围了特殊工人的宿

八、从"南满"到"北满"

舍,实行紧急戒严,并要求 300 名特殊工人紧急集合,高德采炭所所长近藤训话道:"给你们换个地方,不在这里采煤了,如有违抗者,统统的死了死了的有。"

没有思想准备,也不知道将到哪里去,在枪刺的逼迫下,"十月特支"没有逃离的三个党小组长黄文、周铁珊、王寿山及十多名党员和难友们收拾了简单的行装,穿上棉衣,扛上铺盖卷,列队向火车站慢慢移动。沿途站满了军警和便衣特务,采炭所所长近藤的胸前挂了个"近藤好"的条子跑前跑后,驱赶着人群统统被押上了闷罐车。几天后,他们被押到了中苏边界的虎林大王庄。

比兴亚二队晚一天,4 月 25 日早晨 5 点,日军也借口开会,把平安采炭所的特殊工人集中到平安西部老电影院。日军在四面架起机枪,然后逼着特殊工人抵达阜新东站走上闷罐车,将其全部押送到虎林。据后来统计,在 1943 年春夏,仅从阜新煤矿就往中苏边界押去了特殊工人 3 000 多名。

黄文和他的难友们又是乘车又是步行,经过几天的行程,终于到达了目的地。路上,尽管敌人看得很严,还是有人借下车喝水、吃东西的机会逃跑了。

虎林大王庄一带,过去是抗日义勇军活动的地方,这时已被日本法西斯摧毁成无人区,所有中国百姓都被集中到虎林县,附近只有一个朝鲜人的开拓团,战俘劳工们很难与其接近。日军把兴亚二队安置在大王庄日本兵营附近。四月的东北,天气还有点寒冷,战俘劳工们没有住房,只能在露天宿营。为了御寒避风,他们砍树割草,临时搭成一个个草

战俘营的"抗三"

棚,上面是树枝遮天,下面是乌拉草铺成的床。敌人规定战俘劳工不能离开驻地300米,超过范围就会对其开枪。驻地东南面是乌苏里江,西北面是完达山,战俘劳工们想要逃走难以上青天。

他们的任务是修筑一条从虎林到完达山的边防公路。战俘劳工们从早到晚不是砸石头,就是修路基,工作非常劳累。当时,北大荒刚刚开始化冻,低洼的沼泽地带到处都是黑污泥,踩一脚一坑水,人只能踩在乌拉草上前进,否则就会陷进泥坑而丧命。

劳动强度很大,可伙食比煤矿还差,不少难友累倒了,累病了,有的再也没有爬起来。当时人群中有着传言,说日本为了保密,曾经把一些参加完国防工程的战俘劳工赶进山洞里用毒气毒死,或用机枪扫死,然后把山洞封了。因此,一些劳工悲观丧气,觉得前途渺茫。

怎样把大家的情绪引上正道,增强信心从而开展斗争,是党组织的迫切任务。但当时担任党小组长的黄文却处境艰难。之前,李振军、朱韬、胡煜以为行动暴露,在撤离时,把一份党支部对敌斗争计划、一本伪满袖珍地图、一支用铝金属材料制成的自来水笔交给黄文,要他绘制几份从阜新到热河、青龙、围场一带游击区的步行路线图,给留下的三个党小组长每人一份,从而分批组织党员撤离。

正当黄文开始绘图并组织党员逃离时,没有党员的班、队干部发现队长刘绍增和李振军等人逃走了,他们当时并不知道有党的秘密支部存在,当看到黄文同李振军等人比较接

八、从"南满"到"北满"

近时,就问黄文:"李振军、刘绍增等到哪去了?"

黄文推说:"你们挂洋工的都不知道,我怎么会知道。"副队长刘民忠主持干部会议,讨论怎么向敌人交代这批人的逃跑问题。有人提议把黄文送交宪兵队,替他们"垫背",但遭到大伙的反对。最后,会议决定撤销黄文的副班长职务,调其到队部,将其同班里的难友隔开。因为难友们不了解真实情况,因而对李振军、朱韬等人的撤离产生了误会,有人骂道:"马良、李满贵不是个东西,平时净说漂亮话,说要同大家生在一块儿死在一块儿。咱们把他们从海州监狱救出来了,现在他们几个却跑了,王峰(黄文的化名)知道情况也不说……"一些班干部把对李振军和朱韬的误解发泄到黄文身上,把黄文孤立起来,一些难友也不敢公开地同黄文多接近。在这种情况下,黄文要开展党的工作十分困难,但他想到支部领导在临走时把工作交给了自己,自己就应该负起责任,于是他找来另外两个党小组长周铁珊、王寿山一块儿商量重建党支部,但由于意见不一致,最终三人决定还是各小组单独活动,有事时及时碰头。

到虎林时,这支劳工队的队长换成了朱田民,下编四个小队,每队三个班,黄文所在的班编为第四小队,队长为何树凯,班长为王俊峰。黄文看着支部留下的三件物品,想起党的工作,就主动找小队长、班长和难友们谈心,广泛联系群众。还让周铁珊趁着当副班长之便,通过监工的朝鲜人了解日军在乌苏里江边防的情况,准备组织一些人偷渡乌苏里江。同他一块儿暴动,一块儿被关押在海州监狱,一块儿从

· 169 ·

战俘营的"抗三"

高德到虎林的共产党员张忠民(化名张双锁)还串联了贾淑珍、于喜林、高明亮等人,准备趁乌苏里江封江时逃往苏联。但因日军边防警戒很严,几步远就设置一个岗,大道未建好,小道又都被敌人封锁,既找不到向导,也同苏联那边联系不上,结果偷渡、外逃都没能实现。

图15 张忠民,1938年参加抗战,在冀中六分区三十区队当卫生员。1942年5月反"扫荡"被俘,被送入石家庄战俘营后在病栋当卫生员。在"六月特支"的领导下,他利用工作之便,保护和救助了一些抗日干部。后被押送阜新煤矿等地充作劳工,参加了"新邱暴动"。行动被敌人镇压后,又被押到虎林要塞、抚顺煤矿充作劳工。日本投降时,他积极组建革命武装加入东北野战军。在解放战争中多次立功,并英勇负伤(何天义研究室拍摄)

1943年7月,班长王俊峰在队部的报纸上看到一条消息:国际反法西斯统一战线已经建成,美英联军已在意大利

八、从"南满"到"北满"

西西里岛登陆,德国法西斯节节败退。晚上,王俊峰悄悄地把这一消息告诉了黄文,黄文认为这个消息很重要——德军快垮台了,日军的日子也不会长了,应该把这个消息告诉大家。黄文建议轮到王俊峰值班时,就向全体劳工传达这个消息,让大家坚定胜利的信心。

不久,轮到王俊峰值班,他便把全队300名劳工集中起来,向大家介绍了国内外形势,讲了斯大林格勒保卫战的胜利,讲了美英联军在西西里岛登陆,讲了八路军在各地的活动,难友们听了后精神振奋,很受鼓舞。但几个队干部有些慌了,怕敌人知道了找麻烦,有人挑事说王俊峰没那个胆量,肯定是黄文在后面出的点子。于是,朱田民把黄文和王俊峰叫到队部训斥了一番,批评他们"不遵守八路军的纪律",还对黄文进行了罚站。

第二天,日本人突然要劳工们带上行李集合。黄文想着,修路任务并没有完成,没有要走的理由,可能是敌人要进行突击搜查。于是他想了个应急办法。当时,组织上留下的三件东西,地图在被子里,工作计划在衣服里,钢笔放在乌拉草里,他怕敌人搜到,急忙把这三件东西都藏在乌拉草里。

果然敌人是为了进行搜查。队伍集合后,敌人让战俘劳工们分站两排,面对面,打开行李被子等,在敌人的监视下进行互相检查。敌人也一个一个地展开搜索,搜身子查被子,结果什么也没搜到。

秋天来了,天气越来越凉,劳工们的生活也越来越困

战俘营的"抗三"

苦,生病的也越来越多。人们吃不饱饭,就利用外出修路之机,找野果,采蘑菇,抓小鱼充饥。黄文觉得在这种条件下,大家很难在北大荒熬过冬天,便同周铁珊、王俊峰等人商量,让他们利用班长工作之便,串联表现较好的班长和影响好的群众督促队部出面,以冬天快要到来、劳工衣单被薄为理由,要求全体劳工回到"南满"做工。队部和难友们同日军进行了多次合法斗争,结果日军答应了他们的要求。到年底,日军便把他们从北海押到"南满"的辽阳桦子沟矿做工。其他各劳工队也分别押送到抚顺、本溪、辽阳、烟台等矿山去做工。

3. 从太平矿到兴凯湖

兴凯湖又名兴开湖,位于黑龙江省密山县东南中苏两国边界,北部属中国,南部属苏联,唐代称眉沱湖,辽金时期为北琴海。"兴凯"为满语,意为水从高处向低处流,是古代火山爆发后地壳陷落而形成的大小两湖。小兴凯湖在我国境内,面积140多平方千米;大兴凯湖呈椭圆状,为中苏两国共有,有9条河流注入湖中,面积4 380平方千米。湖水东北溢出为松阿察河,注入乌苏里江。环湖多沼泽地及湖岗,西北岸较陡峻。两湖之间有宽约1千米的沙坝,俗称湖岗,水涨时两湖相通,风光旖旎,烟波浩渺,气势磅礴,浩瀚无际,景色千姿百态,然而在日本帝国主义的铁蹄下,这里却修建了各种碉堡工事,变成了日军入侵苏联的前哨基地。

从石家庄战俘营押到阜新太平矿的第八特殊工人大队,

八、从"南满"到"北满"

在煤矿服苦役半年多后，800名特殊工人连死带跑，只剩下500多人。1943年5月，他们又被敌人押到兴凯湖抢修军事工事，这里的条件同虎林一样艰苦，劳动同虎林一样繁重，不同的是，战俘劳工在两湖之间赶修工事，敌人守着湖边路口，工人处在与外界隔绝的条件下，面对浩瀚无际的湖水，想逃也逃不掉。日本侵略者为了赶进度，加快施工速度，强迫工人早出晚归，稍微干慢点或站下歇一歇，被敌人看见就是一顿皮鞭、棍棒。

　　劳动强度大，生活条件差，不少难友累病了，有的病倒了就再没能爬起来，劳工们的情绪日渐消沉。面对这种情况，在太平矿就酝酿成立秘密支部组织的战俘劳工同敌人斗争的张立言（化名李斌）、邸欣（化名张希福）和张振华经过半年的了解和沟通，三个人成立了临时党支部。他们各自串联原单位的党员和可靠同志，用个别谈心的办法做思想工作，稳定难友的情绪，坚定抗战胜利的信心。当时，有些人持悲观失望的态度，认为这一辈子没有出路了，党员和骨干就给他们讲全世界和全国的抗战形势，团结教育他们，使他们增强斗争勇气。临时党支部同时要求大家互相照顾，关心病号，帮助体弱的同志与疾病进行斗争，争取每个人都能够活着走出兴凯湖，活着看到抗战胜利。敌人要加速施工，他们就磨洋工，消极应付，破坏施工。有的故意把装土的筐子砸坏，有的故意把抬土的绳子和扁担弄断，借机休息，拖延施工进度，最后又借口天寒地冻，要求回到"南满"做工。在这年年底，这几百名劳工又被敌人押送到抚顺龙凤坎矿挖

· 173 ·

煤。难友们从一个地狱又转到另一个地狱，仍旧过着暗无天日的生活。

4. 从"北满"再到"南满"

1943年10月，严寒的冬季即将来临，在"北满"修路架桥的施工无法再继续进行，于是日本关东军与伪满军需工业主协商，把配属日本边防部队的特殊工人从"北满"转移到"南满"。仅抚顺煤矿在两个月内就接收了关东军下属15支部队的特殊工人5 218人。其中有一支200多人的劳工队，是1942年5月在冀中反"扫荡"中被俘，关进石家庄战俘营的同志，他们于1942年秋被送到"南满"阜新煤矿充作劳工，1943年春又被转送到"北满"黑龙江兴凯湖修公路，1943年冬才转到"南满"抚顺煤矿。这支劳工队被日军编为一个中队，中队长为徐子臣，副队长为刘兴起，下设四个小队。这支劳工队基本上都是八路军战俘，其中有许多是抗大二分校第三团的官兵，更有几十名共产党员。他们在石家庄战俘营受特别支部的影响，在阜新就建立了党的组织，并形成了以刘兴起、马振江为领导核心的骨干力量，开展了对敌斗争。在中苏交界的兴凯湖修路时，就有一些战俘冒着生命危险逃往苏联，脱离虎口。一到抚顺，他们又同日伪当局开展了斗争。

日伪当局对他们监控得很严，但生活上比在"北满"时要稍好一些，妄图以软硬兼施的手段制服他们。特殊工人不吃敌人这一套。1943年11月，特殊工人抵达龙凤矿

八、从"南满"到"北满"

的当天晚上,马振江就召集了十几名共产党员开会,分析当前的形势,研究面临的任务。他们决定先把搭连地区的特殊工人组织起来,同姓穆的大把头做斗争,反对日伪当局的统治。

第二天晚上,在宋庆昌等人的组织下,一大帮特殊工人前往戏院看戏。穆大把头为向特殊工人示威,专门请了几名伪国兵前来助威。然而,特殊工人根本没把伪国兵看在眼里。他们在戏院里三五成群,专门往伪国兵的前面坐。伪国兵恼火了,对坐在前面的特殊工人连喊带骂,有的竟用洋刀敲特殊工人的脑袋。这样一来,特殊工人可找到了理由,上百名特殊工人把穆大把头和伪国兵包围了起来,连推带揉,拳打脚踢,打得这帮家伙鼻青脸肿,抱头鼠窜。接着,他们也把戏院子砸了,还贴上"戏给工人看,水给工人喝!""打倒把头吃饱饭!"等标语口号。与此同时,戏园子外边也聚集了很多特殊工人,从戏园子门口到工人宿舍,每十几步就一个岗,工人们左臂扎着白毛巾,怒目而视,密切注视着当局的动静,群众见了无不拍手称快。日本当局见特殊工人人多势众,加之打把头和伪国兵是中国人之间闹矛盾,而他们希望这个矛盾越尖锐越好,所以没有当场出面干涉,后由一名日本班长到工人大房子里说和了一阵,就算了事。

砸戏院斗争胜利后,马振江又组织了一些工人到采煤五坑,发动了1 000多名工人进行大罢工。罢工工人走上街头,高呼口号,强烈要求"增加工资吃饱饭,不准打骂工人!"

· 175 ·

战俘营的"抗三"

图16 从事繁重劳动的战俘劳工,每天只能以稀粥充饥(何天义研究室征集图片)

在路经严把头的住处时,砸开了他家的大门,从里面搬出不少东西。后又涌到矿山办公室,向洋工头子杜勇提出了三项要求:第一,特殊工人要吃得饱,穿得暖;第二,必须撤掉特殊工人住处的岗楼;第三,取消特殊工人上下班时由日本兵跟随的规定。日伪当局怕事情闹大后影响生产,被迫答应了工人的一些要求,又给工人增加了一些工资。罢工斗争取得了胜利。

1943年冬,天寒地冻,特殊工人住的大房子墙上挂霜,地上结冰,十分寒冷。为了解决取暖问题,刘兴起让白同仁、杨长海从矿坑捎些煤回来生炉子烧炕。两个工人背煤往

八、从"南满"到"北满"

回走时被日本人渡边看见了,他把这两个工人带到劳务系,污蔑其偷煤,并将其打得死去活来。刘兴起听到后十分恼火,立即组织了六七十名工人赶到劳务系,痛打了渡边,救出了白同仁、杨长海,还把劳务系砸了个稀巴烂。

事情发生后,一位老工人给刘兴起弄了一张"执照",让他贴上照片赶紧逃跑。刘兴起也想逃跑,但不愿意让战友为自己担责任,还是留在了抚顺。不久,日军突然把殴打渡边、打砸劳务系的 20 多人抓起来带到警务室,进行严刑审讯。最后把刘兴起、白同仁、崔秀奎三人投入了抚顺监狱。但特殊工人并不屈服,他们一方面在工人中搞宣讲,撒传单,宣传抗日;一方面同外界联系,在特殊工人中组织越狱。后因敌对分子的出卖,日伪当局把小队长以上特殊工人都抓了起来,刑讯逼供达 1 个月,最后以政治犯的罪名,把宋庆昌、夏俊卿等人判处有期徒刑,送进新屯矫正辅导院。为了防止特殊工人"闹事",日伪人员在特殊工人宿舍前增设了一道电网,并派遣大批武装人员巡逻、监视。

针对敌人的暴行,被俘党员及时召开了秘密会议研究对策,要求大家"拿出在关内抗日打鬼子的精神来,坚决与日寇斗争到底"。当时,矿区在日伪的统治下,物资奇缺,供应紧张,人民群众饥寒交迫。为了解决群众的疾苦,1944 年冬的一个深夜,小队长崔云柱带领 40 多名特殊工人砸了一家日本商店,把店里的东西拿出来分给当地群众,受到群众的热烈欢迎,也对日伪当局给予了强烈反击。

战俘营的"抗三"

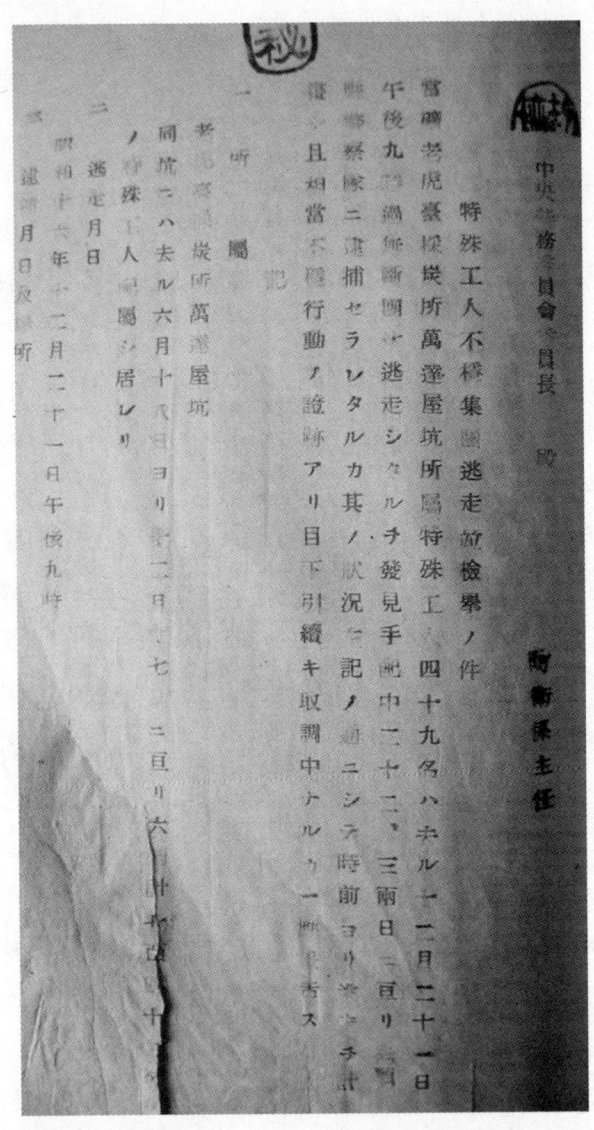

图17 抚顺炭矿关于特殊工人暴动逃跑的文件（李秉刚供稿）

八、从"南满"到"北满"

宋庆昌被关进矫正辅导院后,又团结了一些特殊工人,以怠工的形式继续坚持斗争。苏军出兵东北后,矫正辅导院的日军不见了,但伪军警察仍在看守着。大家想早日出去参战,但辅导院铁窗铁门,深沟电网,很难逃得出去。于是,宋庆昌同大家研究组织暴动越狱,他们冒着生命危险砸坏铁锁,打开牢门,终于逃出了虎口,恢复了自由。

图18 特殊工人武永和介绍战俘劳工在抚顺煤矿的苦难经历(李秉刚供稿)

九、"抗三""特支"在本溪

1. 本溪湖煤矿的特殊工人

本溪位于辽宁省东部,蕴藏着丰富的煤铁资源。日本侵占本溪后,不顾矿工的生命安全,采取掠夺式的开采政策,井下经常发生片帮、冒顶、跑车、透水、瓦斯爆炸事故。本溪湖煤矿从1941年7月开始使用特殊工人,首批到达1 498人,到1941年底已有工人合计4 000人,主要分配在柳塘和茨沟两个矿区。

1942年4月26日,一次瓦斯大爆炸夺去了1 327位工人的性命。

这天下午正下大雨,雷鸣电闪,震耳欲聋。突然,从柳塘坑口发出一声巨响,一支巨大的烟柱直插天际。坑口附近几百米处的建筑、民居,刹那间变成一片废墟。坑井里的钢轨变成了铁麻花,煤块、石头夹杂着矿工血淋淋的尸体、血肉向旷野散去。

事故发生后,本溪湖煤矿的统治者为了保住矿区,不顾工人的安危,出动警备队把坑口堵死,侥幸活着的工人也被活活地闷死。事故过后,日本矿主让工人扒开坑口,把血肉

九、"抗三""特支"在本溪

模糊、惨不忍睹的一千多具尸体埋在茨沟矿的山沟里,当地人称"肉丘坟"。那时,本溪湖矿区哀号四起,纸幡飘拂,一片凄凉景象。

  由于大批劳工死于非命,本溪矿劳工骤减,生产局面无法维护。于是,日军打算进一步从华北强掳大批战俘来此充当特殊工人。而这时,日军正在华北的冀东、冀西、太行、冀南、冀中进行分片围剿和"扫荡",数万抗日军民被抓被捕被俘进战俘集中营。华北几个集中营人满为患,伪满又急需劳工,于是日军加快了战俘劳工的输送速度。谷自珍等抗三团被俘的官兵于 5 月下旬被俘送到石家庄战俘营,而 6 月下旬即被送往本溪湖煤矿。在送往煤矿前,特别支部的第一届领导就在途中跳车、到矿上逃跑等行动进行了碰头研究,但一直没有机会实施。一到矿上,他们就被分开了。王泊生、刘亚龙(化名张顺)等人被分到柳塘矿区,谷自珍、王忱、庄子凯等人被分配到茨沟矿区,而且又分由不同的劳工把头管理。几个人吃住干活都不在一起,偶尔上下井碰到一次面也没时间谈工作,只是互相鼓励一番,希望都能想出办法早点逃离本溪湖煤矿,早日回关内回部队。

  刚到本溪湖煤矿,抗三团的成员们人生地疏,而日伪人员管理严格,他们难以了解矿区周围的地形、道路和当地的风土人情,所以没有找到逃离的途径。煤矿的日伪人员对特殊工人在政治上进行迫害,经济上予以剥削,特殊工人劳动一天只给一元多伪币,配给的主食是橡子面,还有少量的棒子面和高粱米,副食品只能吃一些咸菜。由于恶劣的环境和

战俘营的"抗三"

繁重的劳动,不少人生了病。而得病之后,只能靠战友的互相照顾和帮助来支持下去,如被送进医院,很难活着回来。被分配到茨沟矿区的谷自珍先后患了几次病,最严重的是疝气病和猩红热,一度高烧不退,多亏战友和同志们极力关照,没有把他往医院送,而是托人送钱请医生打了几针,控制住了病情,这才死里逃生。

福不双至,祸不单行,病还没好全他就被逼着下井干活,不巧又出了事故。一天,他在井下劳动时,被拉煤的翻斗车碰挤到轨道上,造成胸、腰、头、脸、手多处重伤,差一点断送了生命。在战友们的照顾下,他休息了20多天,伤情才逐渐好转。

刚到本溪时,抗三团的成员们就准备逃离矿山,返回部队,但因为许多人患病负伤,一直未能行动。但谷自珍和战友们并没有放弃,他们平时省吃俭用,从微薄的生活费中节省一些钱,以便托人帮忙和途中使用。抗三团学员杨济沧,家住北平,反"五一扫荡"被俘后,同谷自珍一块被送到本溪茨沟矿,对谷自珍非常照顾。他在井下干活时认识了北平老乡矿工刘占山,于是通过拉老乡关系,先后给其50多元钱,让其帮助搞两张出门证。刘占山非常热心,很快搞到两张老工人的出门证。

1942年3月,在押到本溪9个月后,谷自珍和杨济沧凭着两张出门证,走出了茨沟矿。当时,矿主对特殊工人管理得非常严格,但这只是在工人驻地和井下,一旦出了矿区,就同矿区的普通工人没什么区别,只是没有良民证而已。出矿后,他们就上了本溪北山,在铁路东侧沿着荒无人烟的山路向沈阳走去。走了一天一夜,到达沈阳车站后买了两张沈阳到北平的火车票,途经山海关,又托人花钱写字,办了入关手续,在离矿五天后,他们到达了北平,又在杨济沧家人的帮助下,回到了抗大二分校。

2. 共产主义领导小组

与茨沟矿不同,柳塘矿的特殊工人驻地相对集中,从石家庄战俘营来的抗三团官兵和特支领导也相对集中。柳塘位于太子河南岸,柳塘大斜井设在一片山坡上,一道电网把整个小山团团围住,里面有20栋大房子,是特殊工人的居住区。电网外面有棒子队游动哨日夜巡逻,每间大房子还有若干名棒子队员负责看管,出工、收工、出门口、进坑口都要点数。特殊工人夜间上厕所必须赤身裸体,倘若穿一件短裤被看守发现,便会被视为有意逃跑而遭受一顿毒打。特殊工人在电网内没有任何自由,井下劳动每天十五六个小时,劳动强度很大,生活条件极差,来矿区没几天就病倒了几十人。特殊工人的情绪极为低落,有人盲目闯电网被电死,有人闯大门被抓回后受酷刑折磨而死,有人情绪消沉听天由命,有人悲观自杀想早日解脱。

抗三团和"六月特支"的干部一到柳塘,就开始串联原来比较熟悉的党员干部,王泊生串联了地方干部信孟甫、八路军干部王长海(原名田宝林),建立了党小组,张顺(原名刘亚龙)串联了一批抗三官兵。

战俘营的"抗三"

柳塘矿井下有许多废弃的洞子,躲在里面,把头、监工很难发现。于是抗三官兵和特支党员便利用这些洞子进行秘密活动。一天,王泊生召集信孟甫、王长海、张顺在矿洞里召开支部会议,大家分析了形势,明确了任务,决定利用原部队的关系把熟悉的党员组织起来,建立若干党小组;紧密团结特殊工人,照顾伤病员,反迫害、反虐待,争取合理待遇,改善生活条件;在适当时机组织战俘劳工暴动,潜伏当地或逃回关内,继续参加抗战。

一个偶然的机会,王泊生发现大房子外边的电网白天有时不通电,便琢磨着如何利用这个机会逃出去。他把这一发现告诉了支部其他成员,大家认为王泊生的身份重要,继续留在这里会造成更大的损失,一致要求他立即逃回解放区。王泊生考虑再三,答应了大家的要求,临走时妥善安排了支部工作。这一天,他假装有病,没有下井,然后避开敌人到达岗哨,偷偷翻过电网,逃出柳塘,历经许多磨难,最终回到冀南根据地。1942年11月,在一次反"扫荡"作战中,他率领战士们与敌人拼搏,不幸壮烈牺牲。

王泊生走后不久,信孟甫就含恨离世,剩下的支部成员张顺和王长海组成临时支部,张顺任支部书记。不久,张顺又秘密联络了八路军干部裴正国、谭庆高,组成新的领导核心。一天,王长海在井下发现了冀中分区锄奸部的周世金,王长海谈及了秘密组织的事,周世金很受鼓舞,并接受了串联发展党员的任务。之后他立即行动,先串联了冀鲁豫军区的赵桂林,接着又串联了刘学春等十几个党员,建立了一个

九、"抗三""特支"在本溪

党小组,由自己任组长,受支委谭庆高直接领导。与此同时,在秘密支部的号召下,不久,党员们通过秘密串联建立了十几个秘密小组。

1943年6月,关东军和伪满当局改变策略,把从关内押来的特殊工人又进行细分,把战俘营来的俘虏称为辅导工人,把被抓捕的抗日民众称为保护工人,对辅导工人加强了管理和镇压。本溪湖的日本宪兵和煤矿特高科也变换着花样,把柳塘矿各把头管辖的特殊工人集中起来更名为辅导工人,由日伪职员组成辅导班事务所,还在大房子外增设了一道更坚固的电网,组织一支武装警卫队看守电网大门。煤矿特高课还派来两名特务长期驻在辅导班内,监视辅导工人的行动。由于辅导工人需要集中管理,中队部需起用一批管理人员,矿主和监工便从战俘中抽出一批有文化的人到中队部工作。共产党员孙少勇、杨锡岳等人被抽调到中队部从事文书工作,负责辅导工人的考勤、物资分配、工资核算等工作。孙少勇、杨锡岳串联张冠军等人秘密成立了一个党小组,利用工作的便利经常聚在一起分析形势,研究策略,在辅导工人中继续发展党组织。

有一天,支部书记张顺从煤矿劳务系搞来一本书名为《雪》的小说,内容是描写大革命时期共产党领导唐山、开滦煤矿工人的斗争故事,因此被日伪当局列为"反满抗日"的禁书而遭查封。张顺翻了几页,就被书中的故事吸引住了,特别是书中开展地下斗争的策略和方法对他启发很大。于是他推荐给其他支委传阅,大家都认为此书可以作为当前支部斗争的借鉴。于是，张顺邀集孙少勇、杨锡岳、田喜文、裴正国、谭庆高、张冠军等七人，召开了一次秘密会议。

会议根据敌人的动向，决定把各个分散的党小组统一起来，成立共产主义领导小组核心指挥部，加强对各小组的领导工作，开展积极的反迫害、反虐待的斗争。会议选举张顺为小组长，孙少勇为副组长，谭庆高、田喜文、杨锡岳等人分别为委员。会议还决定，参照《雪》中的斗争方法，发动群众破坏生产、破坏设备，并伺机开展罢工斗争，争取改善辅导工人的生活条件和待遇。

就在共产主义领导小组核心指挥部成立不久，发生了一件意外的事情。孙少勇一时不慎，将《雪》放在中队部的办公室里，被监督的警察发现了。敌人顿时紧张起来，追问这本书都有谁看过，劳工们自然无人承认，敌人吵嚷折腾了一阵，没有发现什么线索，只好偃旗息鼓，但是暗中却加强了对辅导工人的监视，共产主义小组的活动也受到了限制。

3. 惩治恶监工

党的秘密组织建立后，各党小组领导辅导工人开始了有组织的破坏生产活动，想方设法制造事故、放空车、点空炮、怠工、泡病号。敌人开展"增产石炭月"，他们就对着干，搞"石炭减产月"。一天，王长海所在的班正在掌子里作业，突然掌子顶"嘎吱嘎吱"地响，老工人都知道这是冒顶的预兆。如果立即用坑木撑住，便可以避免冒顶。恰好这

九、"抗三""特支"在本溪

时巷道里停放着一车坑木,王长海灵机一动,立即率领几个辅导工人把坑木车掀翻,迅速离开现场。

日本监工见他们从掌子面出来,立即阻拦说:"时间的没到,快回去干活。"

"掌子面冒顶了,不能干啦!"辅导工人嚷道。

"八嘎,快去打掌子!"日本监工拦住工人不让走。

"用什么打掌子?一根枕木也没有,怎么打?"

话刚说完,就听到巷道深处"轰隆"一阵巨响,掌子面塌了下来。日本监工气得咬牙切齿,但又无可奈何,只好暂时停了产。

柳塘矿有一批从关内被骗招来的矿工,到矿后受到日伪当局的残酷剥削。辅导工人就利用老乡的关系来宣传抗战,团结他们同日伪当局进行斗争。一位叫赵狗孩的工人,到灯房子还矿灯时因矿灯出了点毛病,同管灯房的人争论了几句,一名把头走过来不问青红皂白地就把他打了一顿。刚巧,王长海小组的辅导工人也来交灯,见此情景便上前阻拦。不料这个把头对辅导工人骂骂咧咧,大打出手。大伙一使眼色,把这个把头围在中间狠狠地教训了一顿。工人们听说后,都夸八路军是好样的。

柳塘矿有个汉奸,平日里反动透顶,凶残狠毒,共产主义小组决定铲除这个家伙,震慑一下汉奸走狗的威风。这一天,这个汉奸照例下坑监视辅导工人劳动。他刚迈进掌子面,猛然一条麻袋就把他紧紧捂住,他急得连蹬带踹,却一句话也没能喊出来,十几条镐把和木棒连同石头一起往他头

· 187 ·

上身上砸去，不到一袋烟的工夫，这家伙就没了气。劳务系的日本人听说井下出了事，忙下坑查看。而辅导工人都在掌子面上干活，问问这个摇摇头，问问那个不知道。再看看这个被打的汉奸，早已奄奄一息，血污满脸，没等被抬到医院就翻了白眼。

这个汉奸丧了命，其他汉奸、把头、监工也像是挨了一闷棍，再不敢狐假虎威地欺负辅导工人了。本溪矿特高科来调查这件事情时把当班工人问了一遍，也没问出个所以然。

4. 献身共产主义的勇士

以张顺、孙少勇为首的共产主义领导小组成立以后，多次发动和组织特殊工人同敌人开展斗争，方式越来越巧妙，效果越来越显著。他们不仅在特殊工人中发展组织，壮大队伍，而且在社会上发展进步青年，建立党的外围组织。为了使特殊工人在将来的暴动中得到当地群众的支持，他们还和进步青年一块儿开会，分析时局，研究策略。张顺草拟了"告本溪人民书"，派人收集本溪日伪军警宪特的情况，并寻找采办购置枪支弹药，为暴动的举行进行着各种准备。

特殊工人的种种斗争和破坏活动，搞得矿方头疼发怵。日本矿方管理人员常常因为煤炭拖欠而遭到上司的训斥，他们认为特殊工人中一定有秘密组织在同矿方作对，于是便千方百计想破坏这个组织，他们撒下特务、密探在特殊工人中频繁活动。

1944年初春的一天，共产主义领导小组的一个成员酒后

九、"抗三""特支"在本溪

失言,泄露了共产主义领导小组的情况,被敌人的耳目听到,立即报告了日本宪兵队。在此前后,张顺发展的社会青年革命热情高涨,但斗争经验不足,在为张顺捎信时,把其写给革命青年的信让特务骗走并送到本溪湖警察局。于是,敌人顺藤摸瓜,把情况调查清楚后,出动人马秘密逮捕了共产主义领导小组的组长张顺、副组长孙少勇,小组成员谭庆高、裴正国、田喜文、邓伯图等人。杨锡岳听到风声仓促逃走,不久也被抓了回来。

抓人前,敌人怕走漏风声,故意施放烟幕,伪装平静。抓人这天,宪兵队的汽车事先开到电网外的山坡底下隐蔽起来,然后把要抓的人一个一个骗到事务所,突如其来地把人捆起来押上汽车拉到宪兵队。

张顺等人被捕以后,敌人为了撬开他们的嘴巴,采取了软硬兼施两种手段。他们把张顺作为重点,由特务股长井上亲自审讯,警尉乔世芬充当翻译。开始,日本宪兵摆了一桌酒菜,要同张顺交朋友,还说只要把真情讲出来,马上就可以放他出去,并许以高官厚禄,但张顺不吃这一套。软的不行,又来硬的,敌人对共产主义小组和社会上受牵连的人员动用了酷刑,连日拷打逼问,可是没有一个人暴露组织的秘密和其他情况。为了应付敌人的审讯,张顺还用敲墙壁的方式隔墙传话,向难友们通报情况,教给他们应付审讯的办法——审讯时尽量把情况说得简单点,个别接触的事敌人不掌握就不说。敌人把他们打得死去活来也没有问出有用处的东西,只好把他们暂时押在拘留所。

战俘营的"抗三"

拘留所里的条件很差，每天两顿饭，每顿一小木盒高粱米饭，约有小三两，就三四条白萝卜小咸菜。有时给点自来水，有时不给水喝。十天半个月给一桶水，让犯人洗洗脸。4平方米的地方常常住了十几个人，有时住二十多个，晚上睡觉时要一颠一倒地侧着睡，往往出去撒个尿回来就没地方了。日本人审讯了一段时间后不再继续审讯了，拘留所允许家里人送饭，几个社会青年的家里就给送点饭，而特殊工人家不在本溪，没人给送饭，小青年就把家里的饭匀给大家吃。小青年肖配善家中送的饭是报纸包的饭团，饭吃了后大家抢着看留下的报纸。报纸上登的关内战场和太平洋战场的新闻，是他们很关心的消息。尽管敌人吹嘘其战果赫赫，但是仍流露出节节败退的景象。大家都认为，日本垮台的日子为期不远了，都盼望能等到胜利的这一天。张顺还鼓励大家，只要不处以死刑就不要紧。

但是，长期被关押在牢房里，营养奇缺，不见阳光，大家的体质每况愈下，领导小组成员孙少勇、田喜文终因不敌重刑，凄惨地牺牲在敌人的牢房里。1945年4月1日，张顺等人被拘一年时，敌人把几个社会青年从本溪湖市警察局押到奉天第一监狱，对其判处了有期徒刑，押往外地执行，而张顺等特殊工人仍留在拘留所。

一个风吼雪飘的傍晚，敌人终于对他们下了毒手。全副武装的日本宪兵和伪警察杀气腾腾地把张顺、谭庆高、邓伯图、裴正国、杨锡岳等六位勇士押上汽车，拉到一个叫彩中的地方，在凄楚的朔风中杀害了他们。

九、"抗三""特支"在本溪

听说张顺等人被敌人抓捕杀害后,同他一起最早建立秘密支部的王长海心中又惊又悲。为了躲避敌人的逮捕,他找到一块儿建党的周世金,在一位工人师傅的帮助下逃出了柳塘矿。

5. 在战火中重生

张顺等人被逮捕杀害后,日本宪兵队派出一名姓张的特务,专门监视特殊工人的活动,防范反满抗日组织的再次出现。同时,矿区事务所也派遣了一名日本人专门管理特殊工人。党的秘密组织遭到严重破坏,敌人又加强了防范和控制,柳塘矿特殊工人的斗争活动走向低潮。但是敌人的残暴吓不倒共产党人,敌人的屠刀也杀不尽共产党人。原先共产主义小组领导的党小组在暗中继续秘密串联,以图恢复党的组织。

1944年10月的一天,在柳塘矿一个废弃的洞子里,又有两个被俘党员坐在一起进行交谈,一个是第十一小队的班长张枫,一个是第七小队的队长张华。张枫曾和张冠军、赵桂林等人组成一个小组,秘密开展活动。共产主义小组被破坏后,他看到敌人气焰嚣张,特殊工人思想波动,心里非常着急。他心想,共产党员无论何时何地都不能打退堂鼓,在关键时刻更应该挺身而出,把大家拢在一起。于是,他便找来参加过党员活动的张华。两人坐下后,首先对面临的情况交换了看法。张枫说:"这次敌人的突然袭击,确实使我们受到很大损失,一些人脑袋耷拉下来了,一些人嘀咕着胳膊拧不过大腿。如果这样，敌人的目的就达到了。"

张华也插话："是啊！我们绝不能就这样稀里糊涂下去。"

张枫接着说："我寻思，先把一些立场坚定的同志串联起来，继续扛起斗争旗帜。"

张华也表示："你说得对，我们应该尽快恢复组织。"

两人一拍即合，很快统一了认识，并对串联党员进行了具体研究。

过了元旦，在张枫、张华、赵桂林等人的秘密策划下，柳塘特殊工人共产主义领导小组正式恢复成立了。1945年2月，新生的共产主义领导小组召开了第一次会议，参加者有张枫、张华、赵桂林、赵仲林、刘庆吉、张冠军等人，会议选举张枫为共产主义领导小组组长，并制定了斗争纲领：联系群众，多磨洋工，收集情报，迎接胜利。会议还针对当时的形势，强调了活动纪律，主要是单线联系、谨慎从事、秘密活动，防止敌人第二次大逮捕。

共产主义领导小组恢复成立后，一扫压抑沉闷的空气，再次点燃了特殊工人心中的怒火，唤醒了那些得过且过、消极悲观的特殊工人。当时，日本军国主义的日子一天不如一天，日本职员也愁眉不展，惶惶不可终日。领导小组认为，日本职员中有一些也是被裹挟到中国的，他们对特殊工人也有同情心，应该有选择地争取利用他们。于是，领导小组把突破口选定在柳塘矿事务所的日本人吉岗身上。

吉岗身世不详，他对特殊工人不耍威风，不摆架子，有时爱和特殊工人交谈，言语中常常露出对特殊工人的同情和对日本当局的不满。早在张顺领导的第一届共产主义领导小组,就把吉岗当成争取对象,尤其是副组长孙少勇同吉岗的关系密切,两人谈话无所顾忌。孙少勇被捕后,吉岗一度沉默寡言,有人还看见他在暗中抹泪,碰上知心人,他还伸出拇指说:"孙的,大大的好人。"

领导小组对吉岗的情况进行了分析,决定指派专人与他接触,并与其逐渐交上了朋友。吉岗便明里暗里为特殊工人讲话,每当宪兵队、特务队来矿上调查特殊工人时,吉岗总是出面把他们带到妓院和赌场鬼混。吉岗向宪兵特务们粉饰一下太平,特务们也来个"全盘入账"回去凑合着交差了事。

由于吉岗的帮助,领导小组从他口中得知了不少敌人的情报和抗战的消息,保护了领导小组的安全。吉岗也在特殊工人的影响下,在抗战胜利后加入中国人民解放军,担任某部的教官,为中国人民的解放事业献出了宝贵的生命。

6. 茨沟矿的秘密支部

茨沟矿与柳塘矿基本相似,1941年强掳的特殊工人多为山西中条山战役的国民党战俘,他们多来自太原战俘营;1942年强掳的特殊工人多为日军在河北作战时抓获的八路军战俘,大多来自石家庄战俘营。除"六月特支"的负责人谷自珍等少数人在当地民众的帮助下,利用出门证、良民证等逃离茨沟矿返回部队外,抗三团多数被俘官兵仍留在煤矿,他们同其他八路军部队的战俘融为一体,参加了茨沟秘密支部的活动,团结广大特殊工人一起同日本侵略者进行了不懈

战俘营的"抗三"

的斗争。

同柳塘矿一样,茨沟矿也建在一座山冈上,一道大电网沿山围起,包括一部分普通工人都住在里面。特殊工人来后,与普通工人分开居住,并分别划归各个把头统领。他们住的大房子,低矮潮湿,人们形容这种房子是:

房上裂缝露着天,炕上无席铺着砖。
睡觉枕着胳膊睡,身盖乱草难防寒。

他们吃的饭更是猪狗不如,橡子面拌玉米面蒸出来的窝头,又黑又涩,吃下去肚里就坠得慌,拉肚子拉得人头晕眼花,四肢无力。加上每天十四五个小时的重活,不少人瘦得皮包骨头。各个房子的把头还趁机敲诈特殊工人。一到开工资时,这个费那个费,七扣八扣,最后算完账弄不好还欠了把头的债。特殊工人刘江忠在矿上干了三个月,一个工也没歇,一结账还欠把头九元钱。

就这样,在日伪当局和把头的摧残下,不出几个月,2 000多名特殊工人里,病饿伤死不下数百人。广大特殊工人不甘心忍受侵略者的欺凌蹂躏,特别是被俘的共产党员,他们首先挺身而出,组织秘密党小组,依靠骨干和坚定分子,开展各种形式的斗争。今天电线被割断,明天马达里塞进了石头,三天两头的断电停工,事故不断,敌人防不胜防,伤透了脑筋。对于欺负特殊工人的坏把头,一些党小组也带领特殊工人对其进行惩罚教训,使其不敢再在工人面前耍威风。

九、"抗三""特支"在本溪

1943年6月,日伪当局把特殊工人分为辅导工人和保护工人,把战俘称为辅导工人,取消把头管辖制,成立直辖辅导班,把所有辅导工人编为一个中队,下分19个小队,由辅导班的日本人直接管辖。工房区另加一层电网,由辅导警把守大门,管理更加严酷。

这时,茨沟矿特殊工人中同秘密支部接上关系的党员已达150多人。王金利、陶树春等人串联党员骨干成立了茨沟矿秘密支部,由王金利任支书,陶万春、刘仁中、李运、冯永寿、赵壁等人任支部委员。第一次支部会议经过集体商讨,确定了以下任务:

第一,组织特殊工人积极开展破坏生产的活动,破坏敌人的出煤计划;第二,加强宣传联络,争取普通工人的支持,并做好伪职、雇员的分化工作,争取将有爱国心的人员说服到抗日救国的立场上;第三,加强党内外团结,严守秘密,加强纪律;第四,一般情况下不召开全体大会,各党小组分头活动,相互之间不发生横向关系,防止意外事件发生。

在党支部的领导下,150多名党员活跃在特殊工人中,使这支队伍没有在逆境中退却,而是更加坚定、顽强。茨沟矿通常采用麻机拽平车的方式出煤,麻机线是井下重要的生产设备,只要这条线一出故障,全井就要停产。于是党支部经常组织人员,用大斧子把钢索砍断,使煤车飞速下坠造成事故,一停工就是几个小时。敌人知道这是特殊工人干的,

战俘营的"抗三"

便派管理人员下井监视,怎奈特殊工人在暗处,监工们在明处,监工前脚刚走,身后便索断车飞,吓得监工每次下井都胆战心惊。尽管日本矿方严加防范,事故还是不断,仅1944年茨沟矿就发生跑车事故30多起,人为制造冒顶事故7起。

日伪职员张金有骄横凶残、刁狠歹毒,对特殊工人非打即骂、残暴无比,大家对他极度愤恨,给他起了个外号"张驴子"。秘密支部经过商议,决定惩治这个汉奸走狗。有一次,"张驴子"和宪兵队的翻译发生了矛盾,王金利、陶树春便想了个利用敌人惩治汉奸的计划。几个党员凑钱买了一份礼送到翻译家中,翻译见礼眼开,送礼人便趁机在翻译面前煽风点火,控告"张驴子"有"反满抗日"的举动和言行。翻译正恨着张驴子,一听这话如获至宝,不仅怂恿特殊工人到宪兵队告状,而且还大包大揽表示要鼎力相助。于是,王金利、李运、冯永寿等人联名向日本宪兵队递上一个呈子,编造张驴子某年某月某日在特殊工人中散布说"日本人是兔子尾巴长不了啦""日本人早晚得完蛋,大家不要再为小鬼子卖命"等反动话语。那位翻译也在一旁添油加醋,推波助澜。日本宪兵队信以为真,立即派人把"张驴子"抓进宪兵队,开问之前先是一顿毒打,把对付特殊工人的一套刑罚都用在这个汉奸身上,打得"张驴子"晕头转向,还不晓得犯了什么案子。日本宪兵审讯他时,特殊工人还到场作了证,宪兵队见"人证物证"俱在,只得把"张驴子"关进大牢。

"张驴子"这件事发生后,日伪职员们心里都清楚,这是特殊工人摽着膀子整他。一个个不免考虑起自己的后路来，轻易不敢再得罪特殊工人，有的还套近乎、拉关系，对工人们的一些行为睁一只眼闭一只眼。

茨沟矿辅导班有个日本人叫山本，对特殊工人狠凶，只要一下井，总是找碴儿打人，许多人吃过他的拳头。于是党组织决定惩治他一下。一天，山本拎着那条从不离手的棍子，大摇大摆地下了井，躲在暗处的几名特殊工人，看见井口方向矿灯一闪一闪，知道是山本来了，连忙发出信号，隐入暗中。山本来到掌子面，侧耳听听里面，一点动静也没有，用矿灯晃了晃，见里面阴森森的，心里直发怵。他知道这条巷子里面正在作业，可为什么没动静呢？为了壮胆，他大喊了几声："喂，苦力的，那边去了？"回答他的除了巷子里传回的回音，只有棚顶的滴水声。这下子他的心里更毛了，他迟疑了一会儿，转身想往回走，就在这一刹那间，猛然听得"哗啦"一声响，棚顶子忽地倾塌下来，石头、煤块纷纷砸在他身上。连砸带吓，山本昏了过去。事后，人们都说这是一次塌顶事故。而事实上，这是党组织派人策划制造的。山本没有被砸死，但成了残废，从此，矿上的日本人再也不敢下井催命了。

7. 本溪辅导工人的暴动

时间进入1945年，日军在各战场的败象逐渐显露。进入8月，战火烧到了日本本土。一天，特殊工人马辛卯看到两个日本监工看报纸之后像霜打的茄子，蔫头耷脑、无精打采,便好奇地走上前,问报纸上说的什么。一个日本监工把手一摊,沮丧地说:"大鼻子同日本开仗了,我们的完了!"

马辛卯装作无动于衷,又问了一句:"仗打起来,你们怎么样?"

那个监工叹了一口气,伸出小手指:"我们的这个,失败大大的!"

"真的?"马辛卯还有点不敢相信。

日本监工又郑重其事地说:"我的撒谎的没有,你们的胜利了。"

8月8日,苏联向日本宣战,苏军出兵中国东北,使中国战场的形势迅速扭转。日伪统治下的东北一片混乱。一天,矿方通知特殊工人不再下井挖煤,而把队伍拉到山上修建工事。到了山上,大家把锹镐往屁股底下一垫,坐下来说笑聊天,谁也不动手挖土,带队的日本人无可奈何,只好把队伍带回大房子。当天晚上,党支部书记王金利在大房子里召开秘密会议,做出三条决定:第一,把特殊工人组织起来,统一领导,统一行动,防止敌人在失败前下毒手;第二,严格遵守三大纪律、八项注意,不许上街乱抢乱夺;第三,组织成立工人纠察队,维持治安,保护工厂、矿山和设备,迎接解放大军的到来。

为了适应形势的发展,茨沟矿特殊工人党支部进行了改选。大家推选陶书春为支部书记,王金利为副书记,王庆锁、马辛卯、赵避、郑山京、郝振光为支部委员,并对建军、护矿进行了具体研究。会议一结束,陶书春就率领特殊

九、"抗三""特支"在本溪

工人寻找武器，取出手枪、步枪一二百支，建立起特殊工人护矿大队，担负起保护矿山的使命。昔日的特殊工人今日成了人民矿山的卫士，他们臂带袖标，手持钢枪，守卫着矿山、工厂，很快稳定了茨沟的局面。

在本溪柳塘矿，日本宣布投降以后，特殊工人中队长、原国民党中央军军官贺觉民也活跃了起来。他被俘押到柳塘后，日本人百般关照拉拢他，并未吃过多大苦。日本垮台了，他觉得发迹的时候到了，连忙召集各班班长开会，声称应当组织队伍去投中央军，当场遭到雷振川等八路军战俘的反对，会议不欢而散。

会后，雷振川深感局势混乱，贺觉民居心叵测，便串联200多名特殊工人前往锦州寻找八路军。次日，他们从柳塘出发，经过长途行军，终于到达锦州，与八路军取得了联系，后来被编入八路军冀东第十二团。

在雷振川等人走后的第二天，柳塘矿共产主义领导小组也在一个职员家召开抗战胜利后的第一次会议。多年的苦难就要过去，脱离母亲的孩子就要返回母亲的身旁，人们脸上洋溢着欢乐的喜悦。

会议由领导小组组长张枫召集和主持，他首先激动地说："同志们，天终于亮了，这些年来，我们坑洞里滚，血泪里爬，谁也没有退缩，为的就是盼望着这一天！现在好了，这个日子终于来了，张顺、田喜文……还有无数的烈士们可以瞑目了。"

接着，张枫话题一转由历史谈到眼下，"可是，自打老

战俘营的"抗三"

雷走后,中央军那伙人活动很猖狂,矿上的汉奸把头、伪警察们也没消停,还有一些歹徒明里暗里偷摸矿上的东西,柳塘矿一片混乱,大伙说说看,我们该怎么办?"

一个党员说:"这些年我们的罪总算没有白受,到底看到小鬼子垮台的这一天,现在该是我们大显身手的时候了。"

有的争着说:"从现在起,煤矿就该属于我们的了,不准让坏家伙把它毁了,当务之急就是要抓枪杆子。"

"是啊,鬼子宪兵队还没缴械,咱们去缴了它。"

"对,还有警察局、事务所、汉奸走狗的枪,都应该夺过来。"

大家越谈越热烈,越谈劲越足,最后决定:立即把特殊工人组织起来,保卫矿山,保护设备。还决定派张枫去茨沟矿联系,以便两个矿的特殊工人团结起来,联合行动。

会后,张枫来到茨沟,找到茨沟矿党支部书记陶书春,相互交换了情况,商谈了联合的意向。看到茨沟成立的护矿大队,张枫很受鼓舞。他兴冲冲地返回柳塘,向大家一说,人们立即轰动起来,很快组织起一支几百人的队伍。由于手中没有武器,有人提议到火车站和大白楼去缴汉奸伪警的枪,大队人马立刻浩浩荡荡从矿区向街上涌去。这时,驻扎此地的日军小队尚未缴械投降,听说工人队伍开进市内,连忙分乘两辆汽车前来阻截。车棚上架着两挺歪把子机枪,几十名日本兵荷枪实弹,横眉立目拦住了工人队伍。

张枫等支部领导见状,在人群中高喊:"同志们,不要怕这帮家伙,冲上去夺枪!"

九、"抗三""特支"在本溪

"冲啊!"人群中发出一片呐喊声,人流向日军军车卷去,赤手空拳的工人捡起石头、瓦块往车上扔,日本兵目瞪口呆,抱着头乱叫,小队长也不敢下令开枪。特殊工人们趁势夺下一挺机枪、一支步枪,昔日为非作歹的侵略者失魂落魄,连忙掉转车头溜了。

工人队伍趁势前进,先缴了大白楼煤铁公司警卫队的武器,又夺取了一个仓库的武器,武装了三个中队,接管了柳塘矿山。这时,贺觉民等国民党军官也拉起了一伙人马,他深感自己的力量远远不足,为了把两个矿的武装都抓到手,他假意表示愿意与陶书春、王金利合作,提出统一编队,配合行动的计划。为了团结一切可以团结的力量,并争取改造这支队伍,共产党秘密支部采纳了贺觉民的意见。8月19日,柳塘、茨沟两支特殊工人武装集结到茨沟,正式成立了本溪工人纠察大队,以贺觉民为队长,王金利为副队长,陶书春为政治部主任,全队达2 000人。

8. 在大反攻的日子里

当时,共产党领导的八路军为了巩固抗日斗争的成果,解脱东北人民的苦难,特令冀热辽第十六军分区等部迅速挺进东北,9月6日,十六军分区进入沈阳小河沿,立即着手接管伪政权,安顿市面,稳定政权,建立了人民政府。听说八路军到了沈阳,陶书春、王金利迅速派人联系,第十六军分区派张瑞林到本溪进行接受整编。1945年9月18日,本溪工人纠察大队正式编入八路军第十六军分区第六十二团,

战俘营的"抗三"

全团3 600人。

同本溪矿一样,使用特殊工人的日军统治下的厂矿,都趁苏军进入东北之际,拉起武装,同日伪军警进行了最后的斗争。1945年,日军的败局已定,东北各矿山对特殊工人的管理已不再像过去那样严酷,所以各地特殊工人曾多次组织暴动。如鞍山八家子矿特殊工人100人集体逃离矿山,眼前山矿200名特殊工人带领2 000名普通工人暴动逃离矿山。苏联对日宣战后,各地特殊工人中的秘密支部和共产党员,自动组织起来建立队伍。被关进监狱的特殊工人砸坏铁锁,打开牢门,冲出虎口。在鞍山,特殊工人自发组成鞍山保安第一旅,人数达6 000人,对维护社会治安、保护工矿做了很大贡献,为八路军接收鞍山创造了条件。在抚顺,老虎台煤矿的400名特殊工人成立了抚顺治安大队,后改为东北人民自治军;龙凤矿、栗子沟矿等特殊工人组织起来保护矿山,后编成第十六军分区炮兵团;龙凤矿另一支特殊工人成立工人自卫大队,后同东乡、大山等矿联合,开赴沈阳,组建了第十六军分区第六十一团。在沈阳,特殊工人拉起四五千人的队伍,最后被编为第十六军分区特务一团。在本溪,柳塘、茨沟两矿特殊工人联合成立本溪工人纠察大队,后发展到6 000多人,编为二十一旅六十二团。在阜新,八大矿特殊工人先后成立护矿队,并以劳工为主体组建扩充了第十六军分区第六十四团、第六十八团和第三十旅。在辽阳,从"北满"调回的特殊工人先成立了辽阳独立大队,经扩充达几千人,后编入第十六军分区独立团。日本投降后,人民军队在

九、"抗三""特支"在本溪

东北之所以能在很短的时间内扩军几十万,不能说与东北各矿的数十万劳工没有关系。

在这期间,特殊工人中的秘密支部和被俘党员发挥了重要作用,抗大二分校抗三团的被俘官兵,就是其中的代表和典型。他们把抗日的火种、革命的精神从战场带到战俘营,又从战俘营带到就劳地。不少人为此流尽了血汗,献出了生命。后来回到部队的战俘党员都成了东北野战军的骨干,不少人重新走上了领导岗位,有的还担任了团、师、军及兵团级干部,为解放战争和革命事业做出了重要贡献。

主要参考文献

[1] 何天义. 日军枪刺下的中国劳工（四卷本）[M]. 北京：新华出版社，1995.

[2] 何天义. 二战掳日中国劳工口述史（五卷本）[M]. 济南：齐鲁书社，2005.

[3] 何天义，范嫒嫒，何晓. 强制劳动——侵略的见证 死亡的话题[M]. 北京：中华书局，2005.

[4] 谢忠厚，张瑞智，田苏苏. 日军侵略华北罪行档案（十卷本）[M]. 石家庄：河北人民出版社，2005.

[5] 何天义. 亚洲的奥斯威辛——日军侵华集中营揭秘[M]. 成都：四川人民出版社，2007.

[6] 何天义. 日军侵华集中营——中国受害者口述[M]. 郑州：大象出版社，2008.

[7] 何天义. 日军侵华战俘营总论[M]. 北京：社会科学文献出版社，2013.

[8] 何天义. 不应忘却的历史——日军虐杀中国战俘罪行录[R]. 南京电影制片厂等，2005.

[9] 傅波，肖景全. 罪行 罪证 罪责[M]. 沈阳：辽宁民族出版社，1995.

[10] 郭汝瑰，黄玉章. 中国抗日战争正面战场作战记[M]. 南京：

江苏人民出版社，2002.

[11] 王希亮. 大地怒火——中国东北特殊工人抗暴记［M］. 哈尔滨：黑龙江人民出版社，2003.

[12] 中共河北省委党史研究室. 河北抗战史图鉴［M］. 北京：中央编译出版社，2005.

[13] 河北省政协文史资料委员会. 河北抗日战争图鉴［M］. 石家庄：河北人民出版社，2005.

[14] 王道平. 中国抗日战争史［M］. 北京：解放军出版社，2005.

[15] 李秉刚，王新华，阎振民. 日本奴役中国劳工罪行图证［M］. 北京：中华书局，2005.

[16] 樊建川. 抗俘——中国抗日战俘写真［M］. 北京：中国对外翻译出版公司，2006.

[17] 解学诗，李秉刚. 中国"特殊工人"——日军奴役战俘劳工实态［M］. 北京：社会科学文献出版社，2015.

[18] 抗三团团史编委会. 冀中熔炉. 1986.

[19] 朱韬. 原草. 2003.